小学校英語サポートBOOKS

スキマ時間に使える!

小学校英語 らくらくプリント100

岩井敏行 著

明治図書

Introduction

中学校教員21年目を終えて迎えた春，突然始まった英語専科教員。勤務先は小学校。小学生に英語の授業をした経験はそれなりにありましたが，それは「中学校の先生による特別授業」という形がほとんどでした。朝から帰りまで，小学校教諭という生活に戸惑いました。

一番戸惑ったのはやはり授業です。４年生から６年生までの授業を担当しました。指導書はありますが，思ったようにはいきませんでした。様々な子どもたちがいます。作業の速さも，理解の速さも違います。当然「時間差」が生まれます。課題が早く終わってしまった子，個別のパフォーマンステストが済んだ子たちは手持ち無沙汰になります。出歩いて，友達にちょっかいを出してトラブルが発生するのは容易に想像できます。

そこで準備したのが，時間調整のためのプリントです。誰でもできる，それでいて楽しい活動。すぐに思いついたのは点つなぎです。ABC ソングを口ずさみながら，アルファベットの順番を覚えます。その他に，アルファベット迷路，ワードサーチなども用意しました。説明をしなくても，プリントを渡すだけで，子どもたちは真剣に取り組んでくれました。そのような書くことプリントが本書の Chapter１に収められています。

小学校の授業は，基本的にネイティブスピーカーの先生（いわゆる ALT）といっしょに行います。デジタル教材を活用すれば，教科書のリスニング問題を進めることができます。しかし，せっかく生の英語を聞くチャンスがあるのです。ALT の先生の声をもっと聞かせたいと思いました。そこで作成したのが，Chapter２の聞くことプリントです。スキマ時間にすぐに使うことができます。シンプルな問題が多く，間違うことは少ないと思います。英語の音声に聞き慣れさせること，英語の語彙を豊かにすることを目的に活用いただければ嬉しいです。

指導書通りに授業を進めると，意外と友達や先生と話す機会が少ないことに気づきました。きっちりと場面設定を行ってから会話活動を行うことは大切です。しかし，それだけだと自然に口から英語が出てくるスピード感があるやり取りの実現は難しいと思いました。やはり習熟の機会が必要です。そのために用意したのが，Chapter３の話すことプリントです。それぞれのテーマに合わせて，サクッとやり取りを行うことができます。紙にインタビューの記録が残るので，話しっぱなしになりません。また子どもたちの頑張りを授業後に評価することもできます。

小学校への異動を，「他の先生たちに役立つ教材を作るチャンス」と捉え，教材づくりに取り組みました。英語を楽しみ，興味をもつ小学生が増えたら嬉しいです。

2024年５月

岩井敏行

Contents

アルファベット迷路（大文字，小文字）

アルファベット穴うめ（大文字，小文字）

ローマ字読めるかな？

ワードサーチ

Chapter 2

スキマ時間にすぐできる！らくらく聞くことプリント20

聞くことプリントの使い方

聞く力を高めるトレーニング

Chapter 3

ペアで楽しくできる！ らくらく話すことプリント10

話すことプリントの使い方

インタビューシート

Chapter 1

１人で簡単にできる！らくらく書くことプリント70

書くことプリントの使い方

この章では以下のプリントを紹介しています（＊は対象学年）。

・アルファベット点つなぎ（大文字，小文字）
　＊３～６年

・アルファベット迷路（大文字，小文字）
　＊３～６年

・アルファベット穴うめ（大文字，小文字）
　＊３～６年

・ローマ字読めるかな？
　＊３～６年

・ワードサーチ
　＊５・６年

最初にやり方を伝えると，子どもたちが１人でできるので，授業での既習事項の確認の時間のほか，スキマ時間などでも使えます。

アルファベット点つなぎ（大文字，小文字）（pp.14-33）

【このプリントの概要】

アルファベットの順に，点をつないでいくと絵が完成します。楽しく遊びながら，アルファベットの順番を覚えること，アルファベットの形と呼び方を一致させることを目的としています。

点と点を線でつないでいく作業なので，どの子も簡単に取り組むことができます。

絵によっては，一目では何の絵かわからないものもあります。そのときは，子どもの解釈にまかせてもよいでしょう。

【使い方】

点つなぎプリントの使い方はとてもシンプルです。プリントを配って，「アルファベット順に点をつないでいきましょう」と言うだけで大丈夫です。

アルファベットを口ずさみながら，作業するよう声かけをしてください。

作業が終わった子には，イラストを追加させたり，色を塗らせたりして時間調整をするとよいでしょう。

教師用端末で写真を撮って，児童用端末にそのデータを送って，作業させる方法もおすすめです。何度でもやり直しが可能になります。

【指示例】

T：今から一人ずつパフォーマンステストを行います。
　終わった人は，このプリント（点つなぎ）をやっていてください。（プリントを配る）
T：アルファベット順に点をつないでいきましょう。すると，ある絵ができあがります。
　絵ができあがっても時間がある場合は，好きなように色ぬりをしてください。

＊こんな声があがったら……
C：先生，点をつないだのですが，なんの絵かわかりません。
T：そうか〜。そんなときは，自分で決めてしまっていいですよ。そして，楽しく色ぬりしてください。

アルファベット迷路（大文字，小文字）（pp.34-53）

【このプリントの概要】

アルファベット順に迷路を進み，ゴールを目指します。A から N までの迷路，O から Z までの迷路，A から Z までの迷路があります。

またムズカシイ編には，行き止まりになる道もあります。アルファベット迷路の目的は，アルファベットの順番を覚えること，文字の形と名前を覚えることです。

迷路を楽しみながら，英語の土台づくりを進めることができます。

【使い方】

迷路プリントをもらったら，子どもたちはすぐに取り組み始めます。

アルファベットをつぶやいたり，ABC ソングを口ずさんだりする子がいたら，大いにほめましょう。

３年生や４年生のクラスでは，「迷路ができたら，先生に見せにおいで」と言って，正しい順番に迷路を進めているかチェックするとよいでしょう。

時々，でたらめな順番に進んでいる子がいます。端末の利用が可能ならば，迷路プリントを画像データとして送り，端末を通してクリアした迷路を提出させることをおすすめします。

【指示例】

T：みなさん，ABC の歌が上手に歌えるようになりましたね。アルファベットの順番はばっちりですか？

C：はい！

T：では，アルファベット迷路を配ります。スタートから出発して，ゴールまでたどりつけるかな。できた人は，先生に見せに来てください。

＊ムズカシイ編に初めて挑戦するときの声かけ

T：今日配る迷路はいつもよりも難しいですよ。実は，迷い道があります。でも，必ずゴールできます。あきらめずにがんばってくださいね！

アルファベット穴うめ（大文字，小文字）(pp.54-63)

【このプリントの概要】

アルファベットを順番に書けるようにするためのプリントです。〇の中に，アルファベットを書いていきます。前半は大文字練習プリント，後半は小文字練習プリントです。各プリントの下部にお手本のアルファベットがありますので，それを参考にさせてもよいでしょう。

【使い方】

使い方はいたってシンプルです。「アルファベット順になるように，〇にアルファベットを書きましょう」と指示します。

「順番や，形が不安な人は，下のお手本を参考にしてもいいです」と伝えます。字の形は個人差がとても大きいので，「完成したら先生に見せてごらん」と言って，正しい字形になっているかチェックすることが大切です。

あまりにも字形が整わない場合は，この活動を行う前に，アルファベットをなぞる活動を行うことをおすすめします。

【指示例】

Ｔ：アルファベットの順番が正しく言えるようになってきました！
　今日は，順番に書くトレーニングをしましょう。(プリントを配る)
　イラストの〇の中に，アルファベットを書いていきましょう。
　できるだけていねいに，正確に書いてください。書き終わったら，先生に見せてくださいね。もし形が不安なときは，下のお手本を参考にしてもいいですよ。
　では，はじめ！

ローマ字読めるかな？（pp.64-67）

【このプリントの概要】

ローマ字（ヘボン式）を読むことを通して，文字と音のつながりの理解を深めるためのプリントです。日本の都道府県，県庁所在地，日本に関わるものが並んでいます。

ローマ字を読みながら，「し」を表すために shi，「ち」を表すために chi が使われていることに気づく児童もいるでしょう。

ローマ字を読めることは，英単語の読みを推測する土台になります。

【使い方】

プリントを渡すと，子どもたちは勢いよく読み始めます（書き始めます）。個人で取り組ませてもよいし，友達と競争や協力させてもよいでしょう。このプリントを行ったあと，日本語と英語の母音の違いについて説明をすることをおすすめします。

特に，u は「あ」に近い発音をすることが多いので，例を挙げながら解説しましょう。

例：bus　バス　　lunch　ランチ　　など

【指示例】

T：ローマ字は，外国の人が日本の地名などを読むときにとても便利です。
　東京（板書する）は読めなくても，Tokyo（板書する）は読むことができます。
　今日は，ローマ字を読むトレーニングをします。（プリントを配る）
　今回はローマ字で書かれた都道府県を読んでもらいます。制限時間は５分です。早く終わった人は，グレーの字をていねいになぞってください。では，はじめ！

T：おまけクイズに挑戦しましょう。なんの順位でしょうか。近くの人と相談しましょう。
　では，この列の人に訊いてみましょう。

C１：広さの順位？

C２：ん～，わかりません。

C３：面積の順位？

C４：面積の順位だと思います。

T：正解を発表します。答えは，面積の順位です！

ワードサーチ（pp.68-83）

【このプリントの概要】

カテゴリーごとに10個程度の英単語が左側に並んでいます。それらすべてをシートの中から見つける活動です。

すべて見つけ終えるまでのタイムを記録させてもよいでしょう。

英単語は，

①上から下
②左から右
③左から右上
④左から右下

の４方向で見つけることができます。

ワードサーチを行うことで，英単語の正しい綴り（スペリング）を何度も目にすることになります。

書く練習をスタートさせる前に，文字列を見て発音できる単語，発音できるがゆえに意味がわかる単語を増やすことが非常に重要です。

【使い方】

プリントを配ります。一斉に取り組むことができる場合は，左側に並んでいる単語の発音練習をすることをおすすめします。

発音練習をして，意味がわかってから取り組むほうがよいでしょう。そうしないと，単なる文字の羅列として捉えてしまうからです。

音，意味，綴りがつながるように，適宜発音や意味の確認をすることは非常に重要です。発音練習が終わったら，自分のペースで進めるように指示します。

Worksheet

1 アルファベット点つなぎ 大文字 A～Z＋小文字 a～c

Class [　　　] Number [　　　] Name [　　　　　　　]

アルファベット順《じゅん》に点を線で結《むす》ぼう。何ができるかな？　早くおわったら色ぬりしよう！

アルファベット順《じゅん》に
点をつなごう！

完成《かんせい》したら，
色をぬろう！

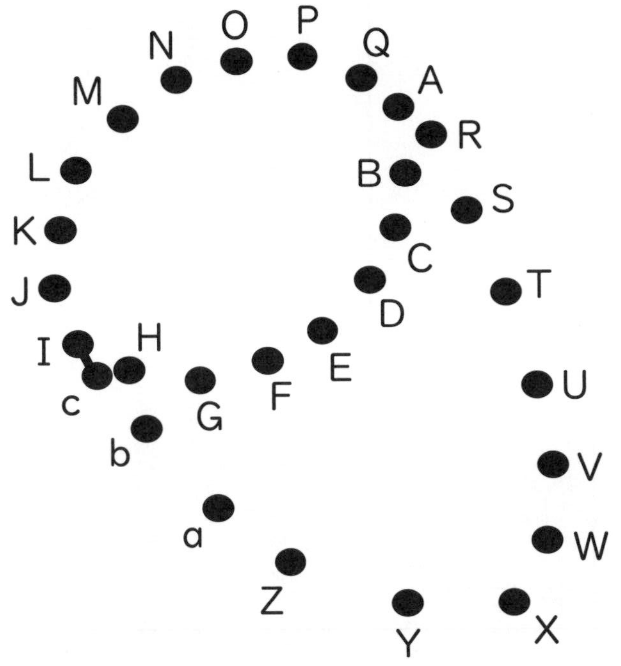

声を出しながら，
歌いながらやると，
スムーズにできるよ！

A～Z
＋a b c

できたもの

ヒント：ABCDEFG HIJKLMN OPQRSTU VWXYZ abc

Worksheet

2 アルファベット点つなぎ 大文字A～Z＋小文字a～e

Class [　　　] Number [　　　] Name [　　　　　　]

アルファベット順《じゅん》に点を線で結《むす》ぼう。何ができるかな？　早くおわったら色ぬりしよう！

アルファベット順《じゅん》に
点をつなごう！

完成《かんせい》したら，
色をぬろう！

声を出しながら，
歌いながらやると，
スムーズにできるよ！

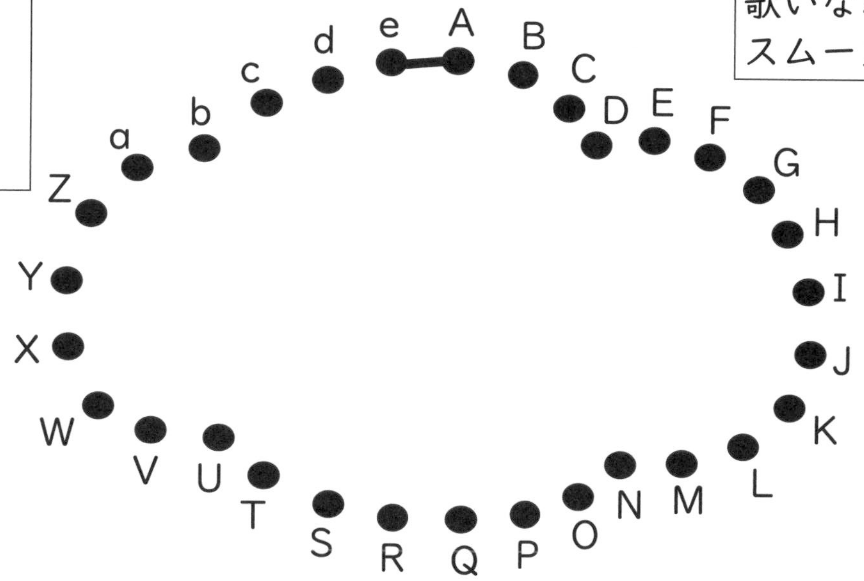

A～Z
＋a b c d e

できたもの

ヒント：ABCDEFG HIJKLMN OPQRSTU VWXYZ abcde

Worksheet

3 アルファベット点つなぎ 大文字A～Z＋小文字a～f

Class [ ] Number [ ] Name [ ]

アルファベット順《じゅん》に点を線で結《むす》ぼう。何ができるかな？ 早くおわったら色ぬりしよう！

アルファベット順《じゅん》に
点をつなごう！

完成《かんせい》したら，
色をぬろう！

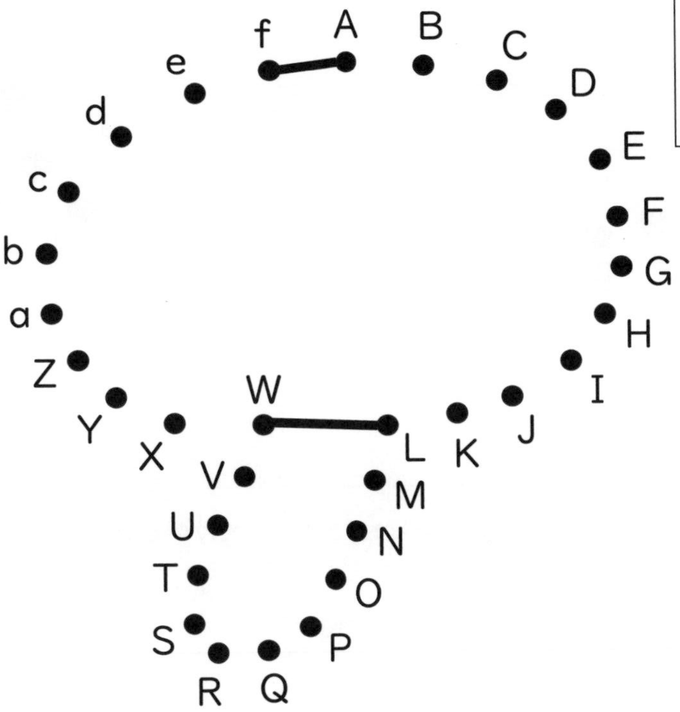

声を出しながら，
歌いながらやると，
スムーズにできるよ！

A～Z
+abcdef

できたもの

ヒント：ABCDEFG HIJKLMN OPQRSTU VWXYZ abcdef

Worksheet

4 アルファベット点つなぎ 大文字 A~Z+小文字 a~g

Class [　　　　] Number [　　　　] Name [　　　　　　　　]

アルファベット順《じゅん》に点を線で結《むす》ぼう。何ができるかな？　早くおわったら色ぬりしよう！

アルファベット順《じゅん》に
点をつなごう！

完成《かんせい》したら，
色をぬろう！

A~Z
+abcdefg

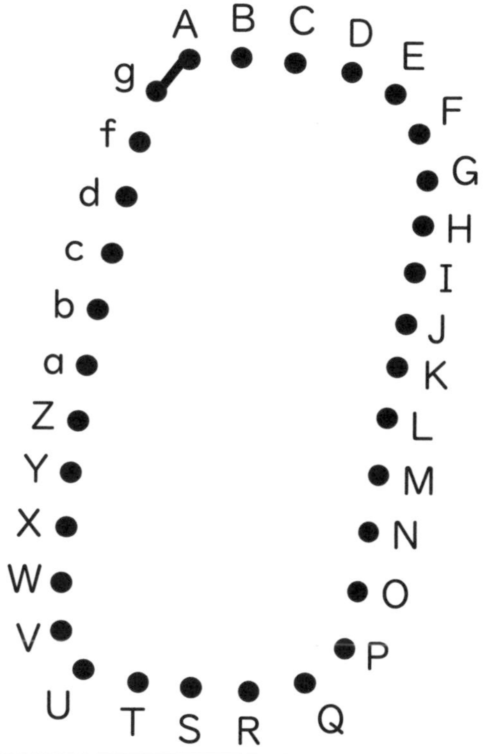

声を出しながら，
歌いながらやると，
スムーズにできるよ！

できたもの

ヒント：ABCDEFG HIJKLMN OPQRSTU VWXYZ abcdefg

Worksheet

5 アルファベット点つなぎ 大文字 A～Z＋小文字 a～h

Class [ ] Number [ ] Name [ ]

アルファベット順《じゅん》に点を線で結《むす》ぼう。何ができるかな？ 早くおわったら色ぬりしよう！

アルファベット順《じゅん》に
点をつなごう！

完成《かんせい》したら，
色をぬろう！

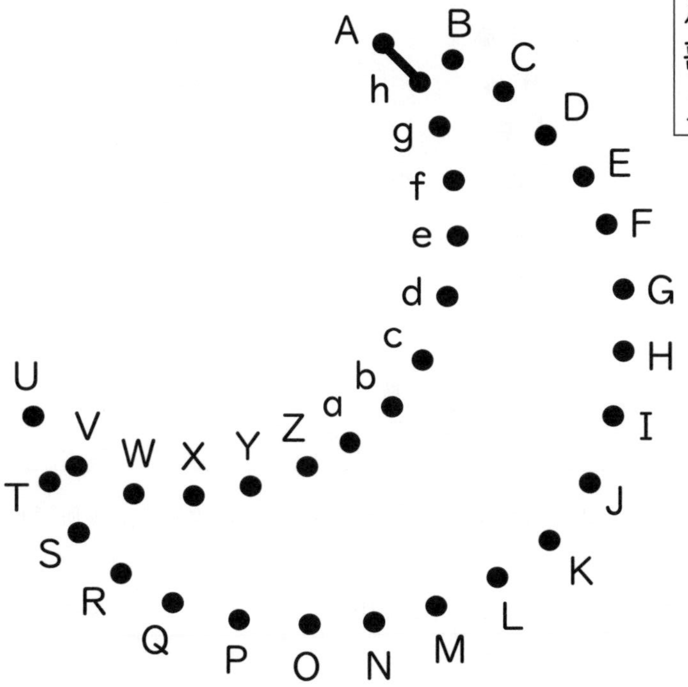

声を出しながら，
歌いながらやると，
スムーズにできるよ！

A～Z
＋a b c d e f g h

できたもの

ヒント：ABCDEFG HIJKLMN OPQRSTU VWXYZ abcdefg h

Worksheet

6 アルファベット点つなぎ 大文字A～Z＋小文字a～j①

Class [　　　] Number [　　　] Name [　　　　　　]

アルファベット順《じゅん》に点を線で結《むす》ぼう。何ができるかな？　早くおわったら色ぬりしよう！

アルファベット順《じゅん》に
点をつなごう！

完成《かんせい》したら，
色をぬろう！

A～Z
＋a b c d e f g
h i j

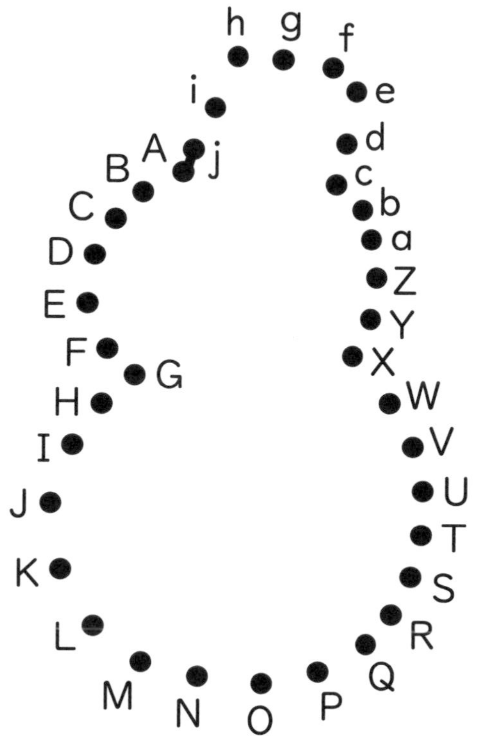

声を出しながら，
歌いながらやると，
スムーズにできるよ！

できたもの

ヒント：ABCDEFG HIJKLMN OPQRSTU VWXYZ abcdefg hij

Worksheet

7 アルファベット点つなぎ 大文字A~Z+小文字a~j②

Class [ ] Number [ ] Name [ ]

アルファベット順《じゅん》に点を線で結《むす》ぼう。何ができるかな？ 早くおわったら色ぬりしよう！

アルファベット順《じゅん》に
点をつなごう！

完成《かんせい》したら，
色をぬろう！

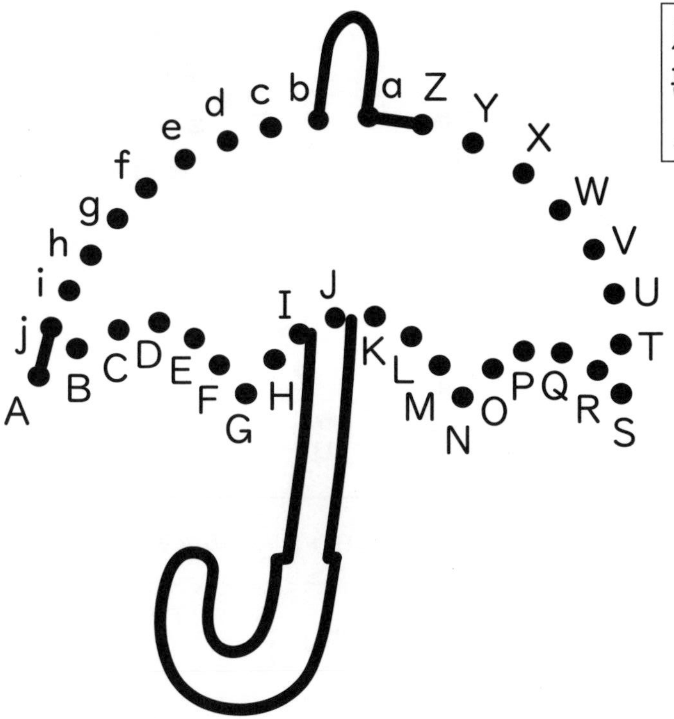

声を出しながら，
歌いながらやると，
スムーズにできるよ！

A~Z
+a b c d e
f g h i j

できたもの

ヒント：ABCDEFG HIJKLMN OPQRSTU VWXYZ abcdefg hij

Worksheet

8 アルファベット点つなぎ 大文字 A～Z＋小文字 a～n

Class [ ] Number [ ] Name [ ]

アルファベット順《じゅん》に点を線で結《むす》ぼう。何ができるかな？　早くおわったら色ぬりしよう！

アルファベット順《じゅん》に
点をつなごう！

完成《かんせい》したら，
色をぬろう！

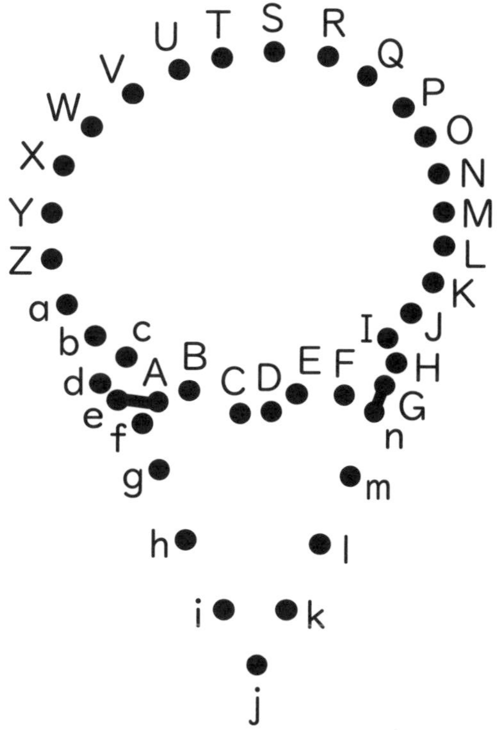

声を出しながら，
歌いながらやると，
スムーズにできるよ！

A～Z
＋a b c d e f g
h i j k l m n

できたもの

ヒント：ABCDEFG HIJKLMN OPQRSTU VWXYZ abcdefg hijklmn

Worksheet

9 アルファベット点つなぎ 大文字 A～Z＋小文字 a～o

Class [　　　] Number [　　　] Name [　　　　　　]

アルファベット順《じゅん》に点を線で結《むす》ぼう。何ができるかな？　早くおわったら色ぬりしよう！

アルファベット順《じゅん》に点をつなごう！

完成《かんせい》したら，色をぬろう！

A～Z
＋a～o

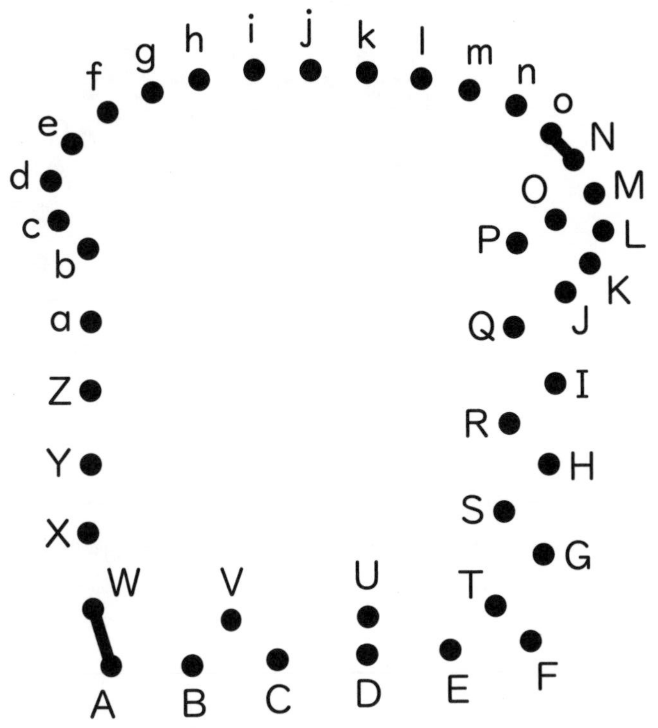

声を出しながら，
歌いながらやると，
スムーズにできるよ！

できたもの ＿＿＿＿＿＿

ヒント：ABCDEFG HIJKLMN OPQRSTU VWXYZ abcdefg hijklmn o

Worksheet

10 アルファベット点つなぎ 大文字 A～Z＋小文字 a～s

Class [　　　] Number [　　　] Name [　　　　　　]

アルファベット順《じゅん》に点を線で結《むす》ぼう。何ができるかな？　早くおわったら色ぬりしよう！

アルファベット順《じゅん》に
点をつなごう！

完成《かんせい》したら，
色をぬろう！

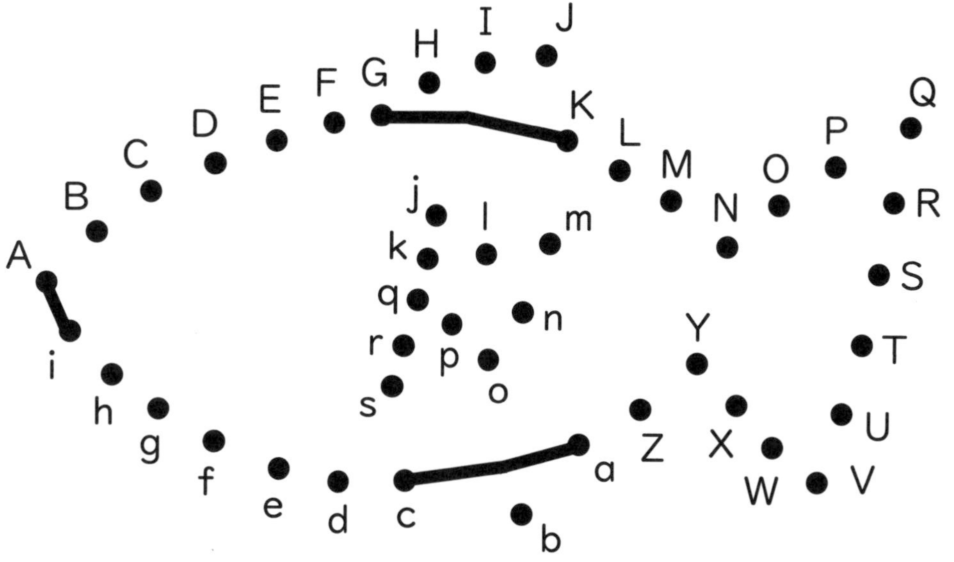

A～Z
＋a～i
＋j～s

声を出しながら，歌いながらやると，スムーズにできるよ！

できたもの ＿＿＿＿＿＿

ヒント：ABCDEFG HIJKLMN OPQRSTU VWXYZ abcdefg hijklmn opqrs

Worksheet

11 アルファベット点つなぎ 大文字A~Z+小文字a~t

Class [ ] Number [ ] Name [ ]

アルファベット順《じゅん》に点を線で結《むす》ぼう。何ができるかな？ 早くおわったら色ぬりしよう！

アルファベット順《じゅん》に
点をつなごう！

完成《かんせい》したら，
色をぬろう！

A~Z
+a b c d e f g
h i j k l m n
o p q r s t

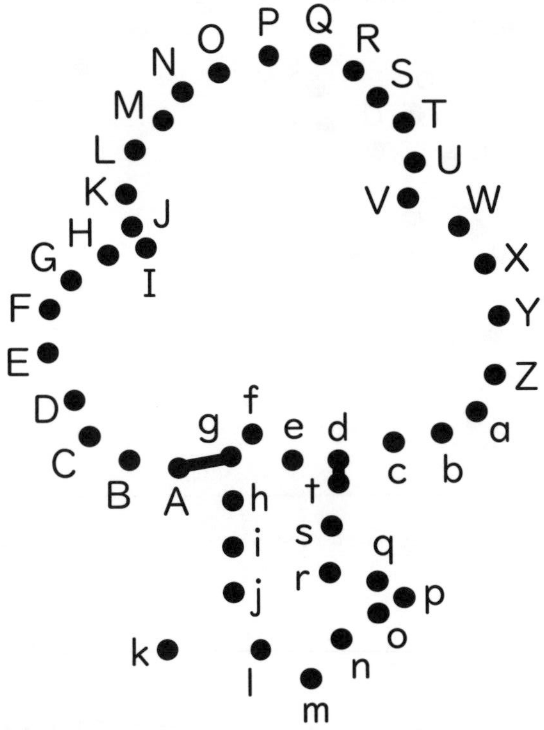

声を出しながら，
歌いながらやると，
スムーズにできるよ！

できたもの

ヒント：ABCDEFG HIJKLMN OPQRSTU VWXYZ abcdefg hijklmn opqrst

Worksheet

12 アルファベット点つなぎ 大文字A～Z＋小文字a～u

Class [ ] Number [ ] Name [ ]

アルファベット順《じゅん》に点を線で結《むす》ぼう。何ができるかな？　早くおわったら色ぬりしよう！

アルファベット順《じゅん》に
点をつなごう！

完成《かんせい》したら，
色をぬろう！

A～Z
＋a b c d e f g
h i j k l m n
o p q r s t u

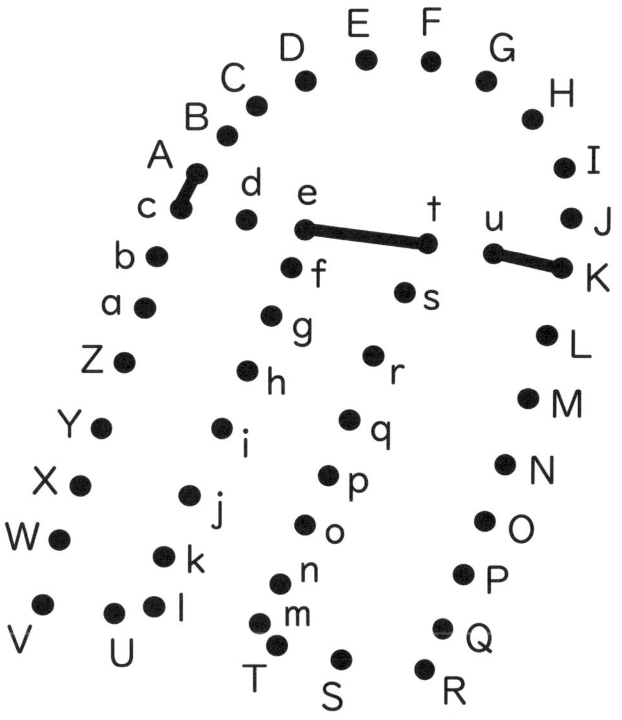

声を出しながら，
歌いながらやると，
スムーズにできるよ！

できたもの

ヒント：ABCDEFG HIJKLMN OPQRSTU VWXYZ abcdefg hijklmn opqrstu

Worksheet

13 アルファベット点つなぎ 小文字 a~z＋大文字 A~F

Class [ ] Number [ ] Name [ ]

アルファベット順《じゅん》に点を線で結《むす》ぼう。何ができるかな？　早くおわったら色ぬりしよう！

アルファベット順《じゅん》に
点をつなごう！

完成《かんせい》したら,
色をぬろう！

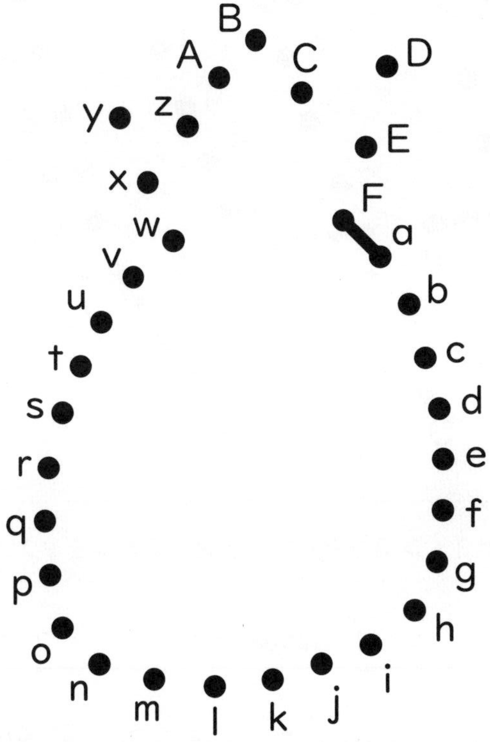

声を出しながら,
歌いながらやると,
スムーズにできるよ！

a b c d e f g
h i j k l m n
o p q r s t u
v w x y z
＋A~F

できたもの ＿＿＿＿

ヒント：abcdefg hijklmn opqrstu vwxyz ABCDEF

Worksheet

14 アルファベット点つなぎ 小文字 a~z＋大文字 A~J ①

Class [ ] Number [ ] Name [ ]

アルファベット順《じゅん》に点を線で結《むす》ぼう。何ができるかな？　早くおわったら色ぬりしよう！

アルファベット順《じゅん》に
点をつなごう！

完成《かんせい》したら，
色をぬろう！

a b c d e f g
h i j k l m n
o p q r s t u
v w x y z
＋A~J

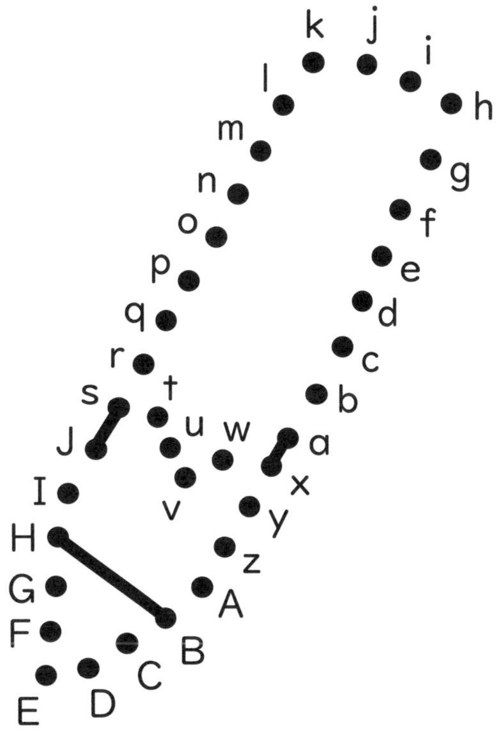

声を出しながら，
歌いながらやると，
スムーズにできるよ！

できたもの

ヒント：abcdefg hijklmn opqrstu vwxyz ABCDEFG HIJ

Worksheet

15 アルファベット点つなぎ 小文字 a~z+大文字 A~J ②

Class [ ] Number [ ] Name [ ]

アルファベット順《じゅん》に点を線で結《むす》ぼう。何ができるかな？ 早くおわったら色ぬりしよう！

アルファベット順《じゅん》に
点をつなごう！

完成《かんせい》したら，
色をぬろう！

a b c d e f g
h i j k l m n
o p q r s t u
v w x y z
+A B
+C~J

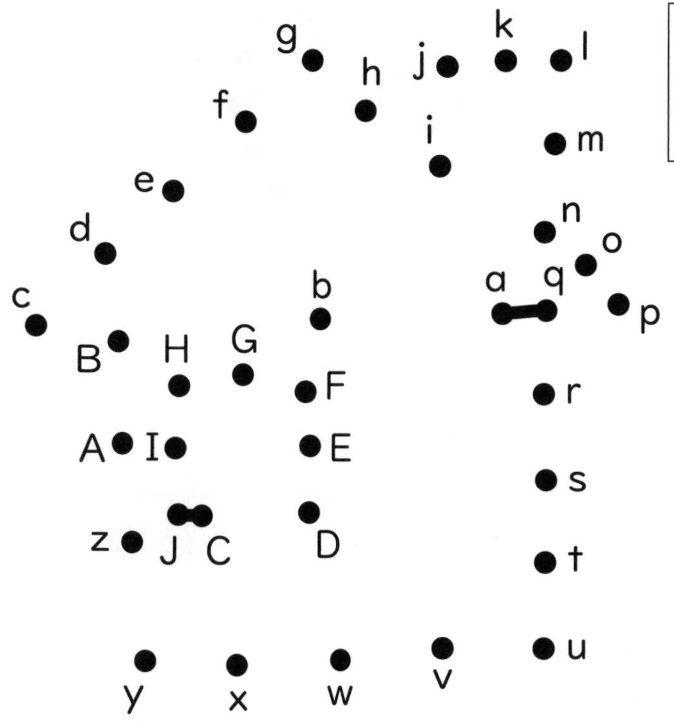

声を出しながら，
歌いながらやると，
スムーズにできるよ！

できたもの

ヒント：abcdefg hijklmn opqrstu vwxyz ABCDEFG HIJ

Worksheet

16 アルファベット点つなぎ 小文字 a～z＋大文字 A～S

Class [ ] Number [ ] Name [ ]

アルファベット順《じゅん》に点を線で結《むす》ぼう。何ができるかな？　早くおわったら色ぬりしよう！

アルファベット順《じゅん》に
点をつなごう！

完成《かんせい》したら，
色をぬろう！

a b c d e f g
h i j k l m n
o p q r s t u
v w x y z
＋A～S

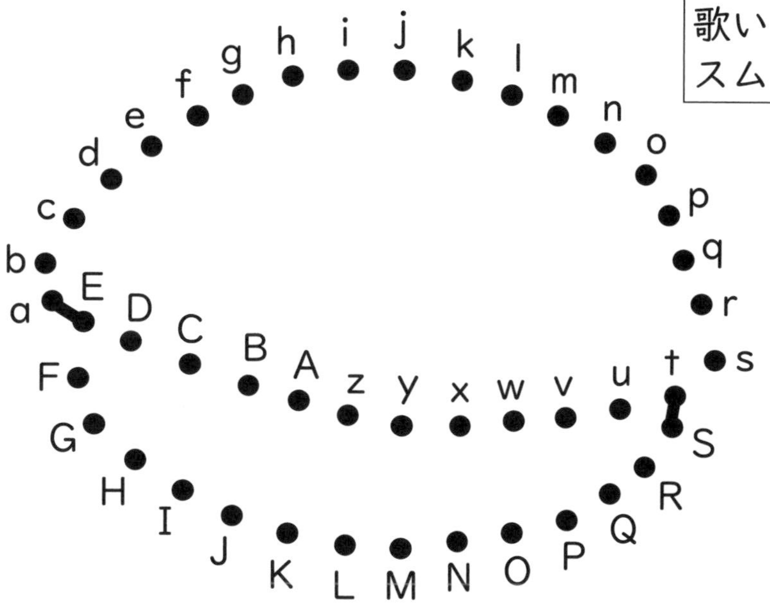

声を出しながら，
歌いながらやると，
スムーズにできるよ！

できたもの

ヒント：abcdefg hijklmn opqrstu vwxyz ABCDEFG HIJKLMN OPQRS

Worksheet

17 アルファベット点つなぎ 小文字 a～z＋大文字 A～T

Class [ ] Number [ ] Name [ ]

アルファベット順《じゅん》に点を線で結《むす》ぼう。何ができるかな？ 早くおわったら色ぬりしよう！

アルファベット順《じゅん》に
点をつなごう！

完成《かんせい》したら,
色をぬろう！

声を出しながら,
歌いながらやると,
スムーズにできるよ！

a b c d e f g
h i j k l m n
o p q r s t u
v w x y z
＋A～T

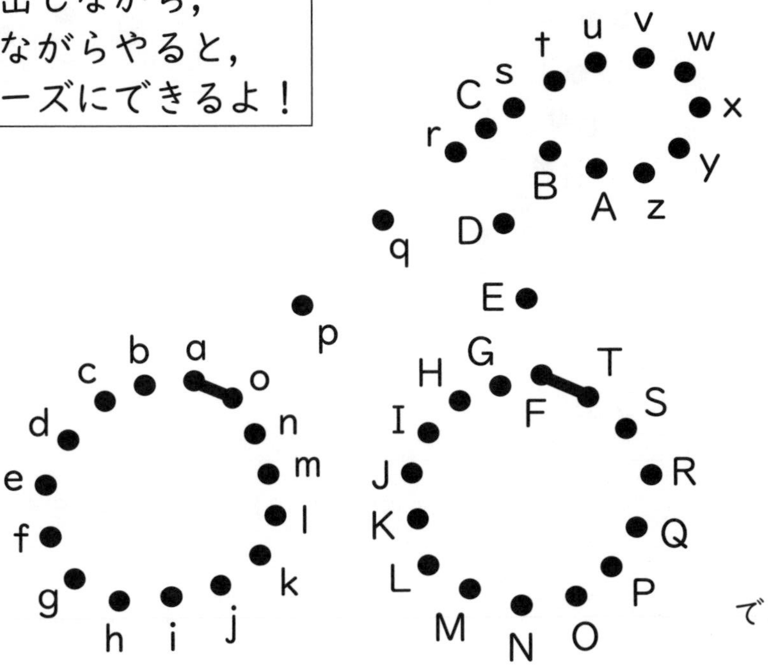

できたもの ______

ヒント：abcdefg hijklmn opqrstu vwxyz ABCDEFG HIJKLMN OPQRST

Worksheet

18 アルファベット点つなぎ 小文字 a～z＋大文字 A～Z ①

Class [　　　] Number [　　　] Name [　　　　　　]

アルファベット順《じゅん》に点を線で結《むす》ぼう。何ができるかな？　早くおわったら色ぬりしよう！

アルファベット順《じゅん》に
点をつなごう！

完成《かんせい》したら，
色をぬろう！

a b c d e f g
h i j k l m n
o p q r s t u
v w x y z
＋A～Z

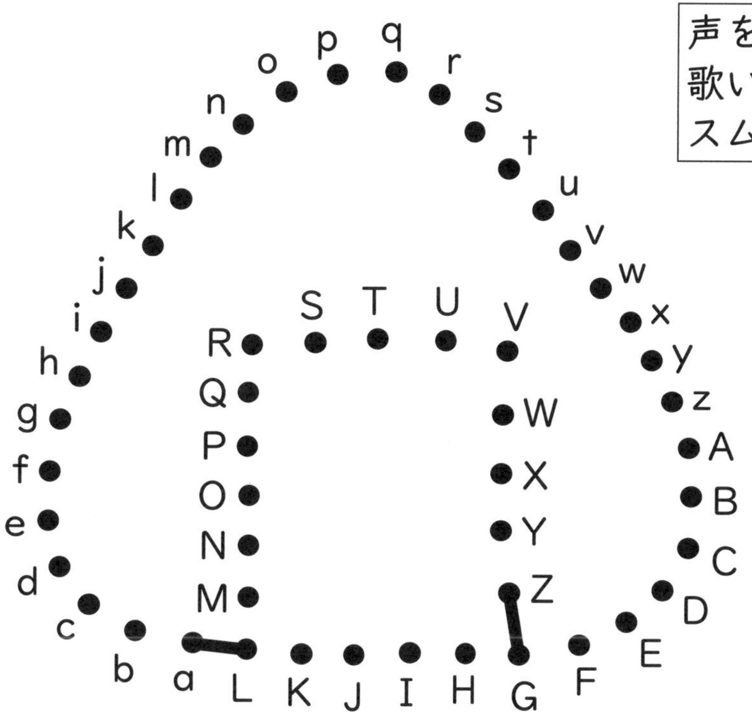

声を出しながら，
歌いながらやると，
スムーズにできるよ！

できたもの

ヒント：abcdefg hijklmn opqrstu vwxyz ABCDEFG HIJKLMN OPQRSTU VWXYZ

Worksheet

19 アルファベット点つなぎ 小文字 a～z＋大文字 A～Z ②

Class [　　　] Number [　　　] Name [　　　　　　]

アルファベット順《じゅん》に点を線で結《むす》ぼう。何ができるかな？　早くおわったら色ぬりしよう！

アルファベット順《じゅん》に
点をつなごう！

完成《かんせい》したら，
色をぬろう！

a b c d e f g
h i j k l m n
o p q r s t u
v w x y z
＋A～Z

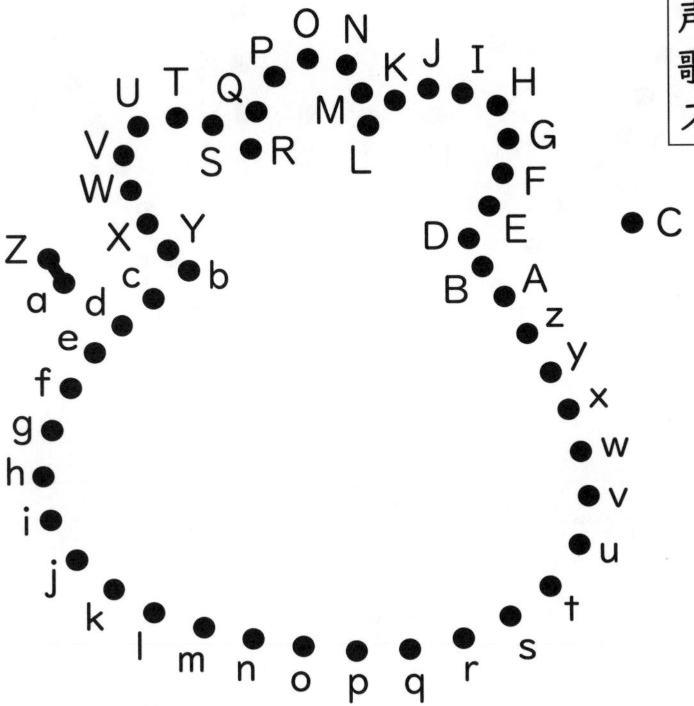

声を出しながら，
歌いながらやると，
スムーズにできるよ！

できたもの

ヒント：abcdefg hijklmn opqrstu vwxyz ABCDEFG HIJKLMN OPQRSTU VWXYZ

20 アルファベット点つなぎ 小文字a~z + 大文字A~Z+1~4

Class [　　　] Number [　　　] Name [　　　　　　]

アルファベット順《じゅん》に点を線で結《むす》ぼう。何ができるかな？　早くおわったら色ぬりしよう！

アルファベット順《じゅん》に
点をつなごう！

完成《かんせい》したら，
色をぬろう！

a b c d e f g
h i j k l m n
o p q r s t u
v w x y z
+A~Z
+1~4

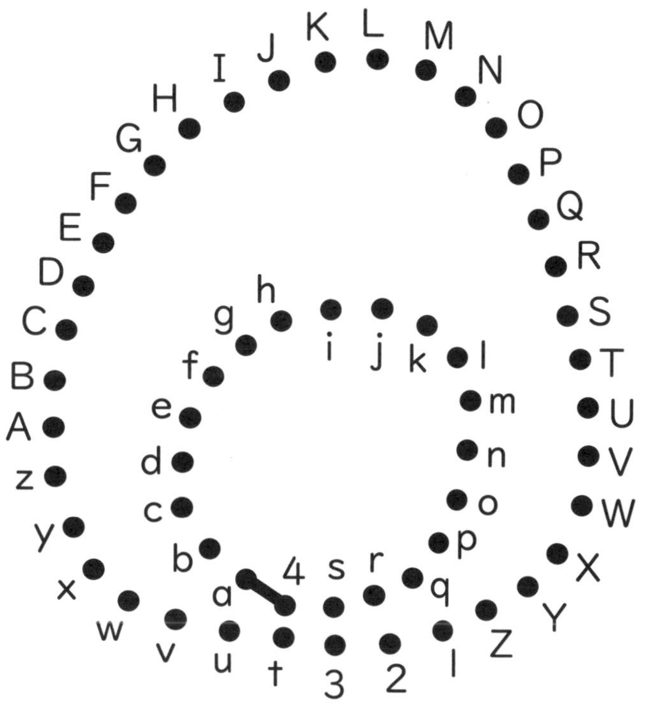

声を出しながら，
歌いながらやると，
スムーズにできるよ！

できたもの

ヒント：abcdefg hijklmn opqrstu vwxyz ABCDEFG HIJKLMN OPQRSTU VWXYZ

Worksheet

21 アルファベット迷路《めいろ》 A～N カンタン２種《しゅ》①

Class [　　　] Number [　　　] Name [　　　　　　]

Aから N まで順番《じゅんばん》に，１本の線でつなごう！

スタート A	B	C	D	E
J	I	H	G	F
K	L	M	N ゴール	★

E	F	G	H	I
D	C	B	スタート A	J
★	N ゴール	M	L	K

Worksheet

22 アルファベット迷路《めいろ》 A～N カンタン２種《しゅ》②

Class [　　　　] Number [　　　　] Name [　　　　　　　　]

A から N まで順番《じゅんばん》に，１本の線でつなごう！

B	C	D	E	F
A スタート	★	K	J	G
N ゴール	M	L	I	H

G	F	E	D	C
H	I	J	K	B
★	N ゴール	M	L	A スタート

Worksheet

23 アルファベット迷路《めいろ》 A～N ムズカシイ２種《しゅ》

Class [　　　　] Number [　　　　] Name [　　　　　　　　]

AからNまで順番《じゅんばん》に，１本の線でつなごう！

スタート A	D	E	
B	C		G
E	D	E	F
F			G
G	J	I	H
	K		I
M	L	M	N ゴール

D	C	B	スタート A
G	F		B
H	E	D	C
I			D
J	K		E
	L		F
N ゴール	M	H	G

Worksheet

24 アルファベット迷路《めいろ》 O~Z カンタン２種《しゅ》①

Class [ ] Number [ ] Name [ ]

O から Z まで順番《じゅんばん》に，１本の線でつなごう！

★	スタート O	P	Q	R
W	V	U	T	S
X	Y	Z ゴール	★	★

R	S	T	U	V
Q	P	★	X	W
★	O スタート	★	Y	Z ゴール

Worksheet

25 アルファベット迷路《めいろ》 O~Z カンタン2種《しゅ》②

Class [ ] Number [ ] Name [ ]

O から Z まで順番《じゅんばん》に，1本の線でつなごう！

Y	Z ゴール	S	R	Q
X	W	T	★	P
★	V	U	★	O スタート

スタート O			
P	Q	R	
Y	ゴール Z	S	T
X	W	V	U

Worksheet

26 アルファベット迷路《めいろ》 O～Z ムズカシイ２種《しゅ》

Class [ ] Number [ ] Name [ ]

Oから Z まで順番《じゅんばん》に，１本の線でつなごう！

スタート O	P		
R	Q	R	
S		S	Z ゴール
T		T	Y
U	V	U	X
X	W	V	W

R	Q	P	スタート O
S	T	Q	R
T		V	S
W	V	U	T
X		X	U
Y	Z ゴール	W	V

Worksheet

27 アルファベット迷路《めいろ》 A～Z カンタン２種《しゅ》①

Class [ ] Number [ ] Name [ ]

A から Z まで順番《じゅんばん》に，１本の線でつなごう！

スタート A	B	C	R	S	
F	E	D	Q	T	
G	H	O	P	U	
J	I	N	W	V	
K	L	M	X	Y	ゴール Z

N	M	L	K	J	
O	X	W	H	I	
P	Y	V	G	F	
Q	ゴール Z	U	D	E	
R	S	T	C	B	スタート A

Worksheet

28 アルファベット迷路《めいろ》 A~Z カンタン２種《しゅ》②

Class [　　　　] Number [　　　　] Name [　　　　　　　　]

A から Z まで順番《じゅんばん》に，１本の線でつなごう！

スタート A	B	★	F	G	H
★	C	D	E	★	I
★	R	Q	P	O	J
T	S	X	Y	N	K
U	V	W	Z ゴール	M	L

J	K	L	S	T	U
I	N	M	R	★	V
H	O	P	Q	★	W
G	F	★	Z ゴール	Y	X
★	E	D	C	B	スタート A

Worksheet

29 アルファベット迷路《めいろ》 A～Z ムズカシイ２種《しゅ》①

Class [ ] Number [ ] Name [ ]

Aから Z まで順番《じゅんばん》に，１本の線でつなごう！

スタート A	B	C	F	G	Z ゴール
B	E	D	E		Y
C	D	G	F	Y	X
L	K		G		W
M	J	I	H	W	V
N	Q	R	S	T	U
O	P		T		V

N	M	D	C	B	スタート A
M	L	K	J	C	B
N	O	P	I	J	C
O		Q	H	I	D
P	U	R	G	F	E
Q	T	S	X	Y	F
R	U	V	W	Z ゴール	G

Worksheet

30 アルファベット迷路《めいろ》 A～Z ムズカシイ２種《しゅ》②

Class [ ] Number [ ] Name [ ]

A から Z まで順番《じゅんばん》に，１本の線でつなごう！

C	B	A スタート	B	C	D
D	☒	H	G	F	E
E	N	O	P	G	Z ゴール
F	M	R	Q	R	Y
G	L	K	R	W	X
H	I	J	S	V	☒
I	J	K	T	U	V

U	T	S	R	Q	R
Z ゴール	U	P	S	P	Q
Y	V	O	N	O	P
X	W	F	M	L	K
G	F	E	H	M	J
B	C	D	G	J	I
A スタート	F	E	F	G	H

Worksheet

31 アルファベット迷路《めいろ》 a～n カンタン２種《しゅ》①

Class [ ] Number [ ] Name [ ]

a から n まで順番《じゅんばん》に，１本の線でつなごう！

a スタート	b	c	d
h	g	f	e
i	j	k	l
		n ゴール	m

e	f	i	j
d	g	h	k
c	b	★	l
★	a スタート	n ゴール	m

Worksheet

32 アルファベット迷路《めいろ》 a〜n カンタン２種《しゅ》②

Class [　　　] Number [　　　] Name [　　　　　　]

a から n まで順番《じゅんばん》に，１本の線でつなごう！

a スタート	d	e	f
b	c	h	g
m	n ゴール	i	★
l	k	j	★

h	g	b	a スタート
i	f	c	★
j	e	d	★
k	l	m	n ゴール

Worksheet

33 アルファベット迷路《めいろ》 a～n ムズカシイ２種《しゅ》

Class [ ] Number [ ] Name [ ]

a から n まで順番《じゅんばん》に，１本の線でつなごう！

スタート a	b	c	d	e
b	g	h	e	ゴール n
c	f	i	f	m
d	e	★	m	l
g	f	g	★	k
h	i	h	i	j

★	m	h	g	f
m	l	i	ゴール n	e
l	k	l	m	d
k	j	★	d	c
l	i	f	e	b
m	h	g	f	スタート a

Worksheet

34 アルファベット迷路《めいろ》 o～z カンタン２種《しゅ》①

Class [　　　　] Number [　　　　] Name [　　　　　　　　]

o から z まで順番《じゅんばん》に，１本の線でつなごう！

★	★	t	s
w	v	u	r
x	y	z ゴール	q
		o スタート	p

スタート o	★	u	v
p	★	t	w
q	r	s	x
		ゴール z	y

Worksheet

35 アルファベット迷路《めいろ》 o～z カンタン２種《しゅ》②

Class [　　　　] Number [　　　　] Name [　　　　　　　　　　]

o から z まで順番《じゅんばん》に，１本の線でつなごう！

v	w	x	スタート o
u	ゴール z	y	p
t	s	r	q

p	q	r	★
o スタート	★	s	t
z ゴール	y	x	u
		w	v

Worksheet

36 アルファベット迷路《めいろ》 o~z ムズカシイ２種《しゅ》

Class [ ] Number [ ] Name [ ]

o から z まで順番《じゅんばん》に，１本の線でつなごう！

スタート o	p	q	r	s
p	s	r	u	v
q	★	s	t	u
r	y	x	w	v
s	t	u	★	w
t	u	ゴール z	y	x

	p	スタート o	p	q
r	q	t	s	r
s	x	y	★	s
t	w	v	u	t
u	x	★	v	
ゴール z	y	★	w	

Worksheet

37 アルファベット迷路《めいろ》 a～z カンタン２種《しゅ》①

Class [ ] Number [ ] Name [ ]

a から z まで順番《じゅんばん》に，１本の線でつなごう！

スタート a	r	q	p	o
b	s	v	w	n
c	t	u	x	m
d	e	f	y	l
		g	ゴール z	k
		h	i	j

l	m	r	s	ゴール z
k	n	q	t	y
j	o	p	u	x
i	h	g	v	w
		f	e	d
		スタート a	b	c

Worksheet

38 アルファベット迷路《めいろ》 a〜z カンタン２種《しゅ》②

Class [　　　　] Number [　　　　] Name [　　　　　　　　]

a から z まで順番《じゅんばん》に，１本の線でつなごう！

e	f	g	h	
d	k	j	i	
c	l	m	n	o
b	w	v	u	p
スタート a	x	y	t	q
		ゴール z	s	r

p	q	t	u	
o	r	s	v	w
n	m	ゴール z	y	x
k	l	g	f	e
j	i	h	c	d
		スタート a	b	

Worksheet

39 アルファベット迷路《めいろ》 a～z ムズカシイ２種《しゅ》①

Class [ ] Number [ ] Name [ ]

a から z まで順番《じゅんばん》に，１本の線でつなごう！

スタート a	b	c	d	e
b	i	h	g	f
c	l	k	j	g
n	m	n	i	h
o	ゴール z	y	x	w
p	s	t	y	v
q	r	s	t	u

f	e	f	g	j
e	d	w	h	i
d	c	v	i	j
スタート a	b	u	t	k
x	w	v	s	l
y	r	q	r	m
ゴール z	s	p	o	n

Worksheet

40 アルファベット迷路《めいろ》 a～z ムズカシイ２種《しゅ》②

Class [ ] Number [ ] Name [ ]

a から z まで順番《じゅんばん》に，１本の線でつなごう！

l	i	h	g	h	スタート a
k	j	k	f	g	b
l	k	n	e	d	c
m	l	m	n	q	d
ゴール z	s	p	o	p	q
y	r	q	v	u	r
x	w	v	u	t	s

h	e	d	c	d	e
g	f	k	b	u	v
h	i	j	スタート a	t	w
k	j	m	b	s	x
l	k	l	c	r	y
m	p	m	d	q	ゴール z
n	o	n	o	p	

Worksheet

41 アルファベット穴《あな》うめ 大文字①

Class [ ] Number [ ] Name [ ]

アルファベットを◯の中に順番《じゅんばん》に書きましょう。早くおわったら色ぬりしよう！

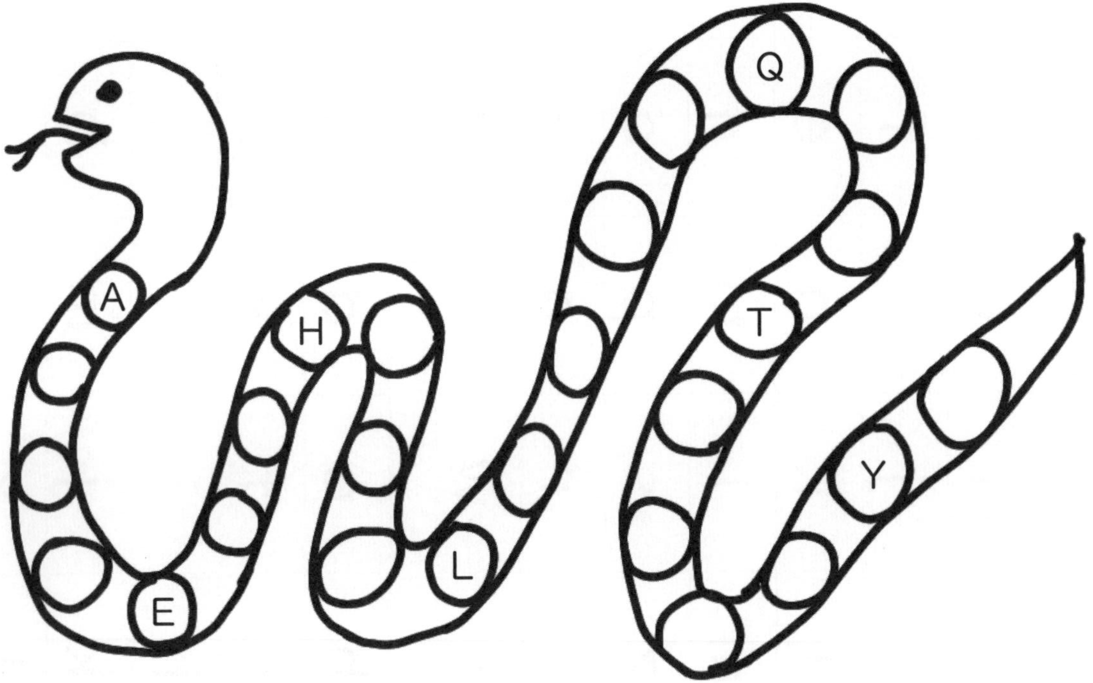

おわったら，なぞろう！ ABCDEFG HIJKLMN OPQRSTU VWXYZ

Worksheet

42 アルファベット穴《あな》うめ 大文字②

Class [ ] Number [ ] Name [ ]

アルファベットを◯の中に順番《じゅんばん》に書きましょう。早くおわったら色ぬりしよう！

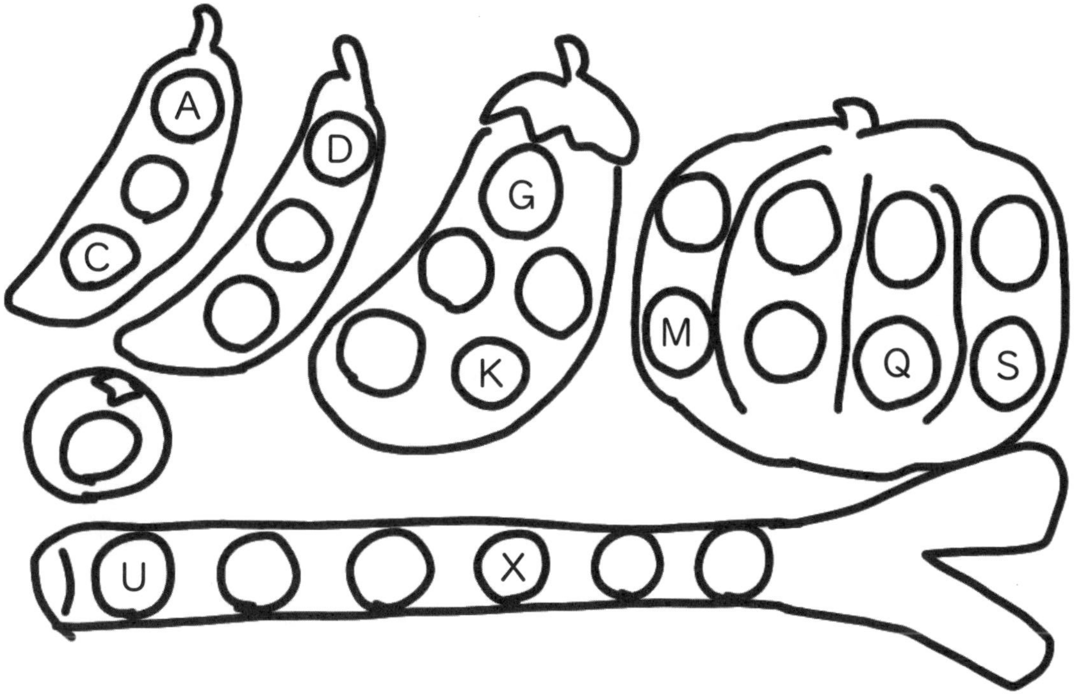

おわったら，なぞろう！ ABCDEFG HIJKLMN OPQRSTU VWXYZ

Worksheet

43 アルファベット穴《あな》うめ 大文字③

Class [　　　] Number [　　　] Name [　　　　　　　]

アルファベットを○の中に順番《じゅんばん》に書きましょう。早くおわったら色ぬりしよう！

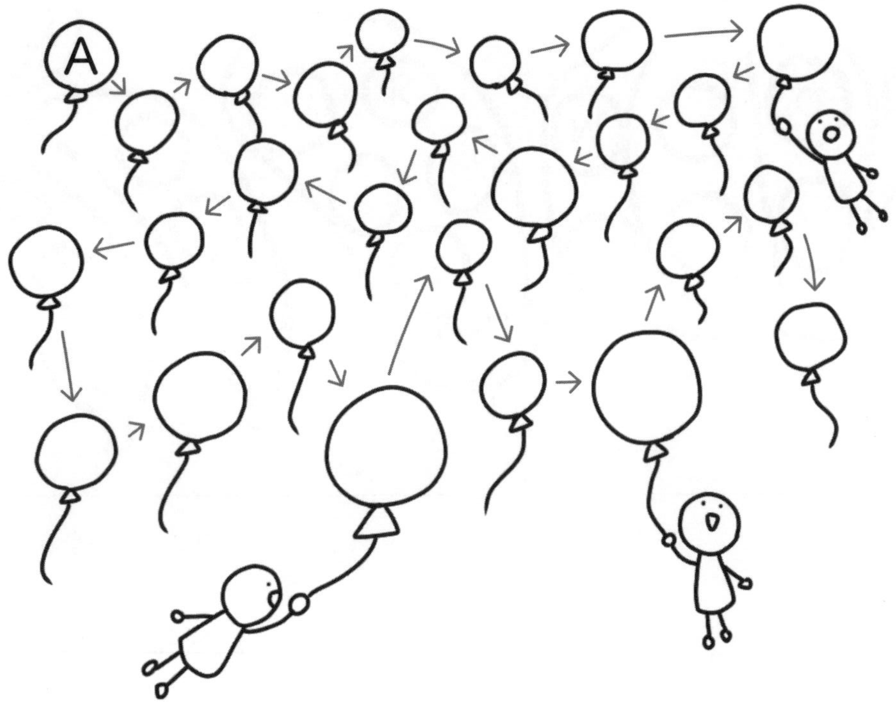

おわったら，なぞろう！ ABCDEFG HIJKLMN OPQRSTU VWXYZ

Worksheet

44 アルファベット穴《あな》うめ 大文字④

Class [ ] Number [ ] Name [ ]

アルファベットを◯の中に順番《じゅんばん》に書きましょう。早くおわったら色ぬりしよう！

おわったら，なぞろう！ ABCDEFG HIJKLMN OPQRSTU VWXYZ

Worksheet

45 アルファベット穴《あな》うめ 大文字⑤

Class [　　　] Number [　　　] Name [　　　　　　　　]

アルファベットを○の中に順番《じゅんばん》に書きましょう。早くおわったら色ぬりしよう！

おわったら，なぞろう！　ABCDEFG HIJKLMN OPQRSTU VWXYZ

Worksheet

46 アルファベット穴《あな》うめ 小文字①

Class [　　　] Number [　　　] Name [　　　　　]

アルファベットを○の中に順番《じゅんばん》に書きましょう。早くおわったら色ぬりしよう！

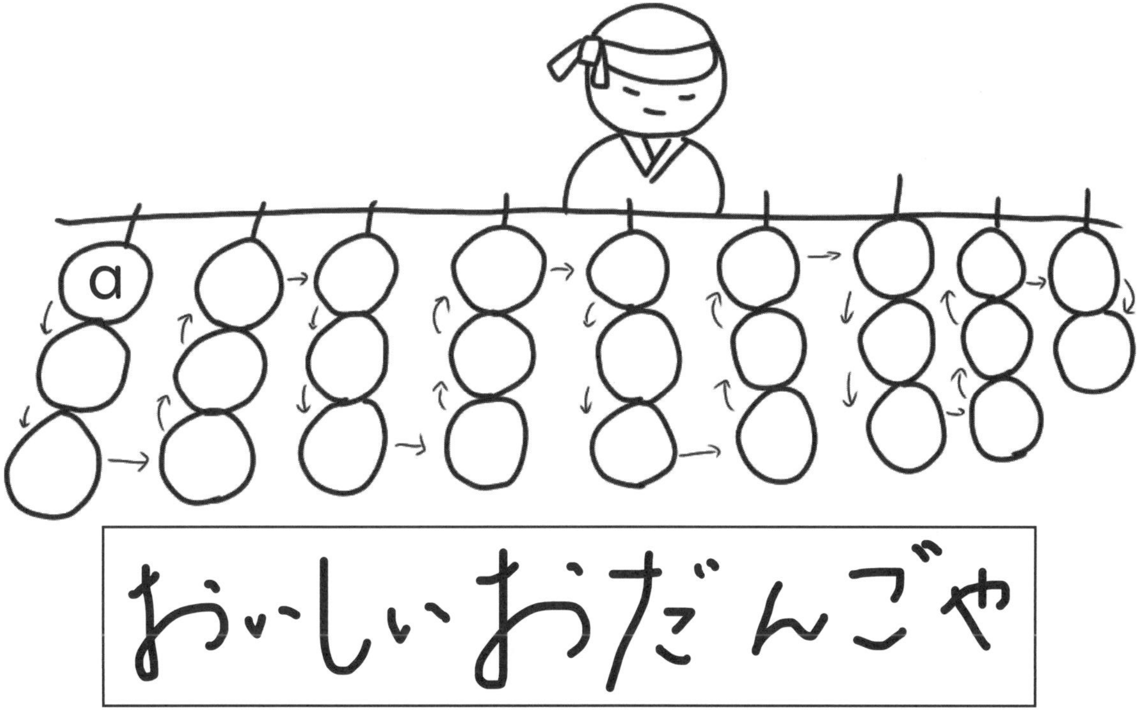

おわったら，なぞろう！ abcdefg hijklmn opqrstu vwxyz

Worksheet

47 アルファベット穴《あな》うめ 小文字②

Class [ ] Number [ ] Name [ ]

アルファベットを○の中に順番《じゅんばん》に書きましょう。早くおわったら色ぬりしよう！

おわったら，なぞろう！ abcdefg hijklmn opqrstu vwxyz

Worksheet

48 アルファベット穴《あな》うめ 小文字③

Class [　　　] Number [　　　] Name [　　　　　　]

アルファベットを◯の中に順番《じゅんばん》に書きましょう。早くおわったら色ぬりしよう！

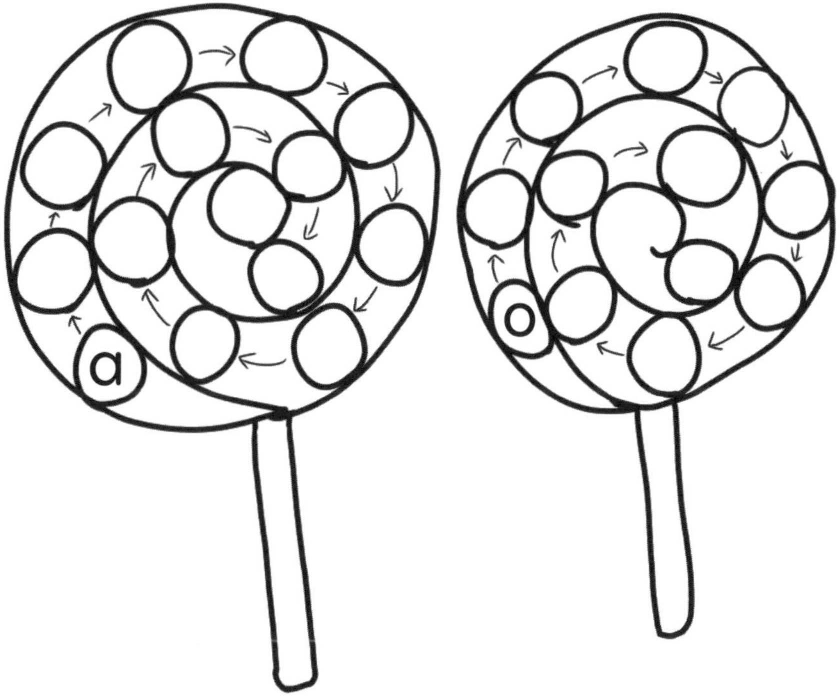

おわったら，なぞろう！ abcdefg hijklmn opqrstu vwxyz

Worksheet

49 アルファベット穴《あな》うめ 小文字④

Class [ ] Number [ ] Name [ ]

アルファベットを○の中に順番《じゅんばん》に書きましょう。早くおわったら色ぬりしよう！

おわったら，なぞろう！ abcdefg hijklmn opqrstu vwxyz

Worksheet

50 アルファベット穴《あな》うめ 小文字⑤

Class [ ] Number [ ] Name [ ]

アルファベットを◯の中に順番《じゅんばん》に書きましょう。早くおわったら色ぬりしよう！

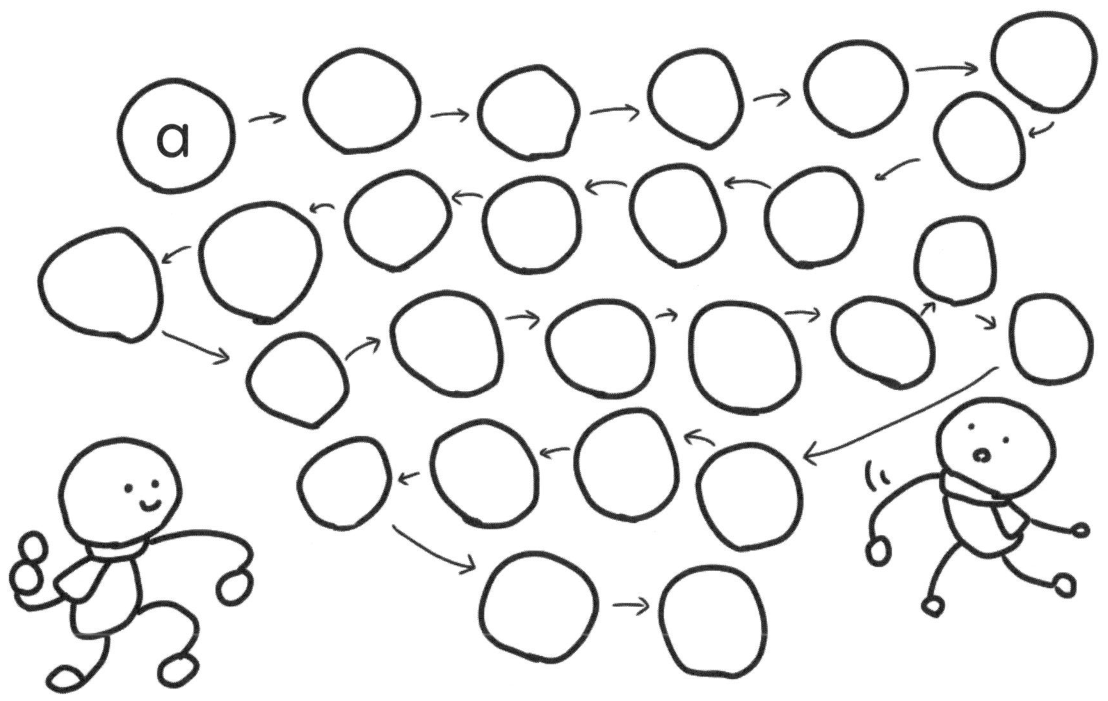

おわったら，なぞろう！ abcdefg hijklmn opqrstu vwxyz

Worksheet

51 ローマ字読めるかな？ 都道府県編《とどうふけんへん》①

Class [　　　] Number [　　　] Name [　　　]

(1)読み方を（　　）に書こう。漢字でもひらがなでもいいよ。

(2)グレーの文字をていねいになぞろう。

1 Hokkaido （　　）

2 Iwate （　　）

3 Fukushima （　　）

4 Nagano （　　）

5 Niigata （　　）

6 Akita （　　）

7 Gifu （　　）

8 Aomori （　　）

9 Yamagata （　　）

10 Kagoshima （　　）

11 Hiroshima （　　）

12 Hyogo （　　）

13 Shizuoka （　　）

14 Miyazaki （　　）

15 Kumamoto （　　）

16 Miyagi （　　）

17 Okayama （　　）

18 Kochi （　　）

19 Shimane （　　）

20 Tochigi （　　）

★おまけクイズ：これは，何かの順位《じゅんい》です。わかるかな？

Worksheet

52 ローマ字読めるかな？ 都道府県編《とどうふけんへん》②

Class [ ] Number [ ] Name [ ]

(1)読み方を（ ）に書こう。漢字でもひらがなでもいいよ。

(2)グレーの文字をていねいになぞろう。

1 Tokyo （ ）

2 Kanagawa （ ）

3 Osaka （ ）

4 Aichi （ ）

5 Saitama （ ）

6 Chiba （ ）

7 Hyogo （ ）

8 Hokkaido （ ）

9 Fukuoka （ ）

10 Shizuoka （ ）

11 Ibaraki （ ）

12 Hiroshima （ ）

13 Kyoto （ ）

14 Miyagi （ ）

15 Niigata （ ）

16 Nagano （ ）

17 Gifu （ ）

18 Gunma （ ）

19 Tochigi （ ）

20 Okayama （ ）

★おまけクイズ：これは，何かの順位《じゅんい》です。わかるかな？

Worksheet

53 ローマ字読めるかな？ 県庁所在地編《けんちょうしょざいちへん》

Class [　　　] Number [　　　] Name [　　　　　　]

(1)読み方を（　　）に書こう。漢字でもひらがなでもいいよ。
(2)グレーの文字をていねいになぞろう。

1 Sapporo (　　　　)
2 Morioka (　　　　)
3 Sendai (　　　　)
4 Shinjuku (　　　　)
5 Yokohama (　　　　)
6 Mito (　　　　)
7 Utsunomiya (　　　　)
8 Maebashi (　　　　)
9 Kofu (　　　　)
10 Nagoya (　　　　)
11 Tsu (　　　　)
12 Kanazawa (　　　　)
13 Kobe (　　　　)
14 Otsu (　　　　)
15 Matsue (　　　　)
16 Matsuyama (　　　　)
17 Takamatsu (　　　　)
18 Naha (　　　　)

★豆ちしき：この18の市や区は，都道府県《とどうふけん》の名前とちがう名前だよ。
他の29の府《ふ》県は，県名と県庁所在地《けんちょうしょざいち》が同じ読み方です。
（ちなみに埼玉県の県庁所在地《けんちょうしょざいち》は「さいたま市」）

Worksheet

54 ローマ字読めるかな？ 日本の食べ物＆文化編《へん》

Class [ ] Number [ ] Name [ ]

(1)読み方を（ ）に書こう。漢字でもひらがなでもいいよ。
(2)グレーの文字をていねいになぞろう。

1 sushi ( )
2 tempura ( )
3 tofu ( )
4 natto ( )
5 takoyaki ( )
6 tsukemono ( )
7 oden ( )
8 kitsune udon ( )
9 sumo ( )
10 karate ( )
11 judo ( )
12 kendo ( )
13 rakugo ( )
14 kabuki ( )
15 hanami ( )
16 jugoya ( )
17 hinamatsuri ( )
18 hatsumode ( )
19 omikuji ( )
20 shogatsu ( )
21 origami ( )

Worksheet

55 ワードサーチ「気分」に関する英単語

Class [　　　] Number [　　　] Name [　　　　　　]

(1)かくれている単語を見つけよう！　(2)全部見つけたら，単語練習などをしよう！

見つけよう
→ ↘ ↓ ↗

1 fine
2 good
3 great
4 happy
5 sad
6 nervous
7 tired
8 sleepy
9 busy
10 hungry
11 thirsty

s	l	t	h	i	r	s	t	y	b
g	p	u	h	a	p	p	y	r	u
o	s	k	j	t	w	g	h	t	s
n	y	l	t	i	s	o	h	e	y
t	r	n	e	r	v	o	u	s	k
h	f	i	n	e	k	d	u	l	r
s	l	e	d	d	p	b	v	c	f
m	r	p	a	t	r	y	y	h	m
h	l	s	u	g	r	e	a	t	x
t	h	p	h	u	n	g	r	y	l

月　日
タイム
分　秒

単語練習ゾーン

ふりかえり
（こんなの見つけた！）

Worksheet

56 ワードサーチ「色」に関する英単語

Class [　　　] Number [　　　] Name [　　　　　　]

(1)かくれている単語を見つけよう！　(2)全部見つけたら，単語練習などをしよう！

見つけよう
→ ↘ ↓ ↗

1 pink
2 purple
3 brown
4 black
5 blue
6 red
7 yellow
8 green
9 white
10 orange
11 gold
12 silver

g	o	s	i	l	v	e	r	x	r
y	e	s	l	i	i	n	j	p	e
g	r	e	e	n	r	g	o	l	d
h	c	u	w	h	i	t	e	w	q
x	l	u	h	m	b	l	a	c	k
b	k	o	r	e	p	b	w	n	d
r	o	a	b	r	o	w	n	p	f
g	r	v	u	y	e	l	l	o	w
o	h	p	i	n	k	j	a	c	k
j	p	v	o	r	a	n	g	e	e

月　日
タイム
分　秒

単語練習ゾーン

ふりかえり
（こんなの見つけた！）

Worksheet

57 ワードサーチ「スポーツ」に関する英単語

Class [　　　] Number [　　　] Name [　　　　　　]

(1)かくれている単語を見つけよう！　(2)全部見つけたら，単語練習などをしよう！

見つけよう　→ ↘ ↓ ↗

1 soccer
2 basketball
3 volleyball
4 sumo
5 rugby
6 baseball
7 tennis
8 badminton
9 gymnastics
10 kendo
11 judo
12 golf

g	y	m	n	a	s	t	i	c	s
v	o	l	l	e	y	b	a	l	l
b	s	o	c	c	e	r	l	d	c
k	e	n	d	o	g	l	p	s	j
r	g	h	d	x	a	o	i	o	e
u	q	u	e	b	d	n	l	u	r
g	j	g	e	r	n	n	v	f	u
b	a	s	k	e	t	b	a	l	l
y	a	d	t	s	u	m	o	m	b
b	a	d	m	i	n	t	o	n	y

月　　日
タイム
分　　秒

単語練習ゾーン

ふりかえり
(こんなの見つけた！)

Worksheet

58 ワードサーチ「食べ物」に関する英単語

Class [　　　] Number [　　　] Name [　　　　　　]

(1)かくれている単語を見つけよう！　(2)全部見つけたら，単語練習などをしよう！

見つけよう
→ ↘ ↓ ↗

1 rice
2 bread
3 pizza
4 pancake
5 salad
6 pie
7 steak
8 popcorn
9 chocolate
10 donut
11 sushi
12 pudding

r	c	h	o	c	o	l	a	t	e
m	i	a	h	k	l	m	m	n	p
k	h	c	p	o	p	c	o	r	n
l	e	t	e	u	s	u	s	h	i
p	u	d	d	i	n	g	o	e	s
p	i	j	d	o	n	u	t	d	t
l	k	z	p	a	n	c	a	k	e
d	o	m	z	o	o	e	g	g	a
s	n	m	u	a	r	c	w	q	k
p	i	e	x	b	s	a	l	a	d

月　日
タイム
分　秒

単語練習ゾーン

ふりかえり
(こんなの見つけた！)

Worksheet

59 ワードサーチ「果物・野菜」に関する英単語

Class [　　　] Number [　　　] Name [　　　　　　]

(1)かくれている単語を見つけよう！　(2)全部見つけたら，単語練習などをしよう！

見つけよう → ↘ ↓ ↗

1 apple
2 banana
3 cabbage
4 eggplant
5 carrot
6 peach
7 orange
8 potato
9 tomato
10 melon
11 lemon
12 strawberry

s	u	q	j	p	o	t	a	t	o
e	t	c	a	b	b	a	g	e	r
o	t	r	b	a	n	a	n	a	a
f	k	c	a	r	r	o	t	e	n
n	l	g	l	w	p	e	l	q	g
m	e	l	o	n	b	p	b	x	e
e	m	b	r	e	p	e	a	c	h
b	o	g	h	a	z	w	r	c	n
d	n	t	o	m	a	t	o	r	m
e	g	g	p	l	a	n	t	l	y

月　日
タイム
分　秒

単語練習ゾーン

ふりかえり
（こんなの見つけた！）

Worksheet

60 ワードサーチ「動物」に関する英単語

Class [ ] Number [ ] Name [ ]

(1)かくれている単語を見つけよう！ (2)全部見つけたら，単語練習などをしよう！

見つけよう
→ ↘ ↓ ↗

1 dog
2 cat
3 bear
4 lion
5 tiger
6 panda
7 elephant
8 bird
9 horse
10 cow
11 giraffe
12 monkey

b	i	r	d	p	a	h	o	m	a
e	n	g	u	o	v	l	x	d	l
g	i	r	a	f	f	e	n	o	w
f	a	x	b	w	e	a	t	t	b
o	i	e	l	e	p	h	a	n	t
g	u	n	i	t	a	c	h	a	i
n	c	d	o	r	y	r	u	k	g
q	m	o	n	k	e	y	o	y	e
n	r	g	w	c	t	h	a	m	r
l	p	t	q	w	h	o	r	s	e

月 日
タイム
分 秒

単語練習ゾーン

ふりかえり
(こんなの見つけた！)

Worksheet

61 ワードサーチ「顔・体」に関する英単語

Class [　　　] Number [　　　] Name [　　　　　]

(1)かくれている単語を見つけよう！　(2)全部見つけたら，単語練習などをしよう！

見つけよう
→ ↘ ↓ ↗

1 head
2 shoulder
3 hand
4 knee
5 nose
6 mouth
7 ear
8 eye
9 hair
10 leg
11 neck
12 teeth

s	h	o	u	l	d	e	r	p	m
k	a	k	t	t	s	m	e	t	o
p	i	n	k	o	c	y	e	a	r
f	r	c	n	b	t	m	n	b	v
t	w	q	l	e	r	h	a	n	d
n	n	t	e	e	t	h	g	q	z
o	x	e	g	v	m	t	g	f	d
z	e	y	c	t	h	c	j	a	m
e	x	e	j	k	n	e	e	a	p
m	o	u	t	h	u	h	w	f	u

月　　日
タイム
分　　秒

単語練習ゾーン

ふりかえり
(こんなの見つけた！)

Worksheet

62 ワードサーチ「職業」に関する英単語

Class [　　　] Number [　　　] Name [　　　　　　]

(1)かくれている単語を見つけよう！　(2)全部見つけたら，単語練習などをしよう！

見つけよう
→ ↘ ↓ ↗

1 artist
2 writer
3 teacher
4 singer
5 doctor
6 comedian
7 vet
8 pilot
9 farmer
10 nurse
11 baker
12 astronaut

a	s	t	r	o	n	a	u	t	r
r	i	l	l	u	s	r	e	e	t
t	n	u	r	s	e	t	t	a	w
a	g	t	a	k	c	i	e	c	i
n	e	r	a	c	r	s	g	h	b
v	r	b	o	w	k	t	s	e	n
m	a	d	o	c	t	o	r	r	u
f	c	o	m	e	d	i	a	n	t
f	i	p	o	l	p	i	l	o	t
f	a	r	m	e	r	u	g	d	q

月　日
タイム
分　秒

単語練習ゾーン

ふりかえり
（こんなの見つけた！）

Worksheet

63 ワードサーチ「衣類」に関する英単語

Class [ ] Number [ ] Name [ ]

(1)かくれている単語を見つけよう！ (2)全部見つけたら，単語練習などをしよう！

見つけよう → ↘ ↓ ↗

1 shirt
2 sweater
3 uniform
4 pants
5 jeans
6 cap
7 hat
8 gloves
9 socks
10 shoes
11 clothes
12 sweatshirt

j	e	a	n	s	s	i	c	k	m
o	l	u	g	w	s	h	o	e	s
c	f	n	m	e	s	o	i	m	o
g	j	i	c	a	p	h	c	r	f
o	r	f	h	t	g	a	i	k	t
l	w	o	o	e	l	t	n	r	s
v	q	r	v	r	o	h	o	t	t
e	t	m	p	e	v	o	k	t	s
c	l	o	t	h	e	s	c	k	s
s	w	e	a	t	s	h	i	r	t

月 日
タイム
分 秒

単語練習ゾーン

ふりかえり
(こんなの見つけた！)

Worksheet

64 ワードサーチ「町・施設《しせつ》」に関する英単語

Class [　　　] Number [　　　] Name [　　　　　]

(1)かくれている単語を見つけよう！　(2)全部見つけたら，単語練習などをしよう！

見つけよう
→ ↘ ↓ ↗

1 house
2 library
3 park
4 hospital
5 museum
6 shrine
7 temple
8 stadium
9 church
10 zoo
11 station
12 restaurant

r	e	s	t	a	u	r	a	n	t
e	c	h	u	r	c	h	y	k	e
h	o	s	z	o	p	a	r	z	m
s	h	s	o	p	x	a	f	d	p
t	z	h	o	s	p	i	t	a	l
a	m	r	d	x	h	o	u	s	e
t	l	i	b	r	a	r	y	u	z
i	i	n	s	t	a	d	i	u	m
o	o	e	j	w	q	u	i	o	l
n	l	e	t	m	u	s	e	u	m

月　日
タイム
分　秒

単語練習ゾーン

ふりかえり
(こんなの見つけた！)

Worksheet

65 ワードサーチ「文房具《ぶんぼうぐ》」に関する英単語

Class [　　　] Number [　　　] Name [　　　　　　]

(1)かくれている単語を見つけよう！　(2)全部見つけたら，単語練習などをしよう！

見つけよう
→ ↘ ↓ ↗

1 pencil
2 pen
3 crayon
4 eraser
5 ruler
6 glue
7 notebook
8 scissors
9 stapler
10 marker
11 stationery

s	t	a	t	i	o	n	e	r	y
t	c	c	x	i	o	m	r	u	r
a	x	i	o	u	l	e	a	l	p
p	g	u	s	i	n	g	s	e	e
l	l	w	c	s	b	e	e	r	t
e	u	n	w	m	o	v	r	e	y
r	e	m	d	m	a	r	k	e	r
p	s	p	a	n	c	e	s	i	m
e	z	e	y	c	r	a	y	o	n
t	o	n	o	t	e	b	o	o	k

月　日
タイム
分　秒

単語練習ゾーン

ふりかえり
（こんなの見つけた！）

Worksheet

66 ワードサーチ「日用品」に関する英単語

Class [　　　] Number [　　　] Name [　　　　　　]

(1)かくれている単語を見つけよう！　(2)全部見つけたら，単語練習などをしよう！

見つけよう

→ ↘ ↓ ↗

1 textbook
2 desk
3 chair
4 racket
5 glass
6 dictionary
7 computer
8 watch
9 smartphone
10 bed
11 present
12 umbrella

d	t	e	x	t	b	o	o	k	e
u	i	n	p	r	e	s	e	n	t
m	x	c	h	a	i	r	o	n	e
b	w	a	t	c	h	h	j	t	b
r	m	e	l	i	p	p	e	t	o
e	h	w	e	t	o	k	b	e	d
l	q	u	r	h	c	n	o	m	e
l	o	a	n	a	g	l	a	s	s
a	m	r	r	a	m	b	e	r	k
s	c	o	m	p	u	t	e	r	y

月　　日
タイム
分　　秒

単語練習ゾーン

ふりかえり
（こんなの見つけた！）

Worksheet

67 ワードサーチ「季節・天気」に関する英単語

Class [　　　] Number [　　　] Name [　　　　　　]

(1)かくれている単語を見つけよう！　(2)全部見つけたら，単語練習などをしよう！

見つけよう
→ ↘ ↓ ↗

1 spring
2 summer
3 fall
4 winter
5 sunny
6 cloudy
7 rainy
8 snowy
9 windy
10 warm
11 cool
12 cold

w	i	s	w	e	t	w	a	r	m
p	s	u	m	m	e	r	e	o	s
r	m	n	e	t	f	a	l	l	p
i	o	n	e	d	h	i	n	g	r
n	u	y	l	e	l	n	i	k	i
s	u	o	h	o	o	y	o	b	n
o	c	l	o	u	d	y	j	e	g
o	c	c	t	n	r	o	n	m	i
l	q	u	i	s	n	o	w	y	s
r	a	w	n	w	i	n	t	e	r

月　　日
タイム
分　　秒

単語練習ゾーン

ふりかえり
（こんなの見つけた！）

Worksheet

68 ワードサーチ「食事・味」に関する英単語

Class [　　　] Number [　　　] Name [　　　　　　]

(1)かくれている単語を見つけよう！　(2)全部見つけたら，単語練習などをしよう！

見つけよう

→ ↘ ↓ ↗

1 breakfast
2 lunch
3 dinner
4 sweet
5 salty
6 spicy
7 delicious
8 sour
9 bitter
10 hard
11 soft
12 hot

d	i	n	e	b	i	t	t	e	r
b	e	c	y	d	e	l	l	u	r
s	a	l	t	y	w	c	u	e	k
e	s	p	i	h	o	t	n	m	i
a	s	p	i	c	y	n	c	r	d
f	q	u	e	s	i	t	h	o	l
a	n	d	w	d	s	o	u	r	d
s	w	e	e	t	u	s	u	r	o
w	b	r	e	a	k	f	a	s	t
s	o	f	t	k	t	h	a	d	n

月　日
タイム
分　秒

単語練習ゾーン

ふりかえり
（こんなの見つけた！）

Worksheet

69 ワードサーチ「自然・虫」に関する英単語

Class [　　　] Number [　　　] Name [　　　　　　]

(1)かくれている単語を見つけよう！　(2)全部見つけたら，単語練習などをしよう！

見つけよう

→ ↘ ↓ ↗

1 river
2 mountain
3 lake
4 desert
5 forest
6 savanna
7 sea
8 ant
9 beetle
10 spider
11 butterfly

b	e	d	l	a	k	e	w	s	u
s	u	r	e	s	m	s	e	a	m
a	n	t	r	s	u	p	p	v	u
b	e	e	t	l	e	q	e	a	n
e	r	l	u	e	i	r	u	n	t
s	p	i	d	e	r	k	t	n	a
e	x	o	v	w	o	f	e	a	i
e	f	o	r	e	s	t	l	w	n
p	u	m	d	a	r	v	m	y	d
s	h	m	o	u	n	t	a	i	n

月　日
タイム
分　秒

単語練習ゾーン

ふりかえり
（こんなの見つけた！）

Worksheet

70 ワードサーチ「楽器・遊び」に関する英単語

Class [　　　] Number [　　　] Name [　　　　　　]

(1)かくれている単語を見つけよう！　(2)全部見つけたら，単語練習などをしよう！

見つけよう
→ ↘ ↓ ↗

1 piano
2 guitar
3 violin
4 drum
5 recorder
6 triangle
7 fishing
8 jogging
9 camping
10 reading
11 cards

c	a	m	p	i	n	g	d	g	r
a	t	d	c	o	r	d	s	u	e
t	l	r	p	i	a	n	o	i	a
a	q	u	i	q	u	e	s	t	d
x	u	m	c	a	r	d	s	a	i
f	i	s	h	i	n	g	x	r	n
o	n	e	j	o	g	g	i	n	g
u	n	c	h	v	i	o	l	i	n
r	e	c	o	r	d	e	r	e	z
o	v	x	f	i	s	h	i	n	d

月　日
タイム
分　秒

単語練習ゾーン

ふりかえり
（こんなの見つけた！）

Chapter 2

スキマ時間にすぐできる！らくらく聞くことプリント20

聞くことプリントの使い方

この章は以下のプリントを紹介しています（＊は対象学年）。

・聞く力を高めるトレーニング
＊３～６年

各プリントの所要時間は５分程度です。

解答ページにスクリプトを収録していますので，プリント配付後，教師がスクリプトを読み上げ，子どもたちはそれを聞いて解答します。

短時間でできるので，授業での既習事項の確認の時間のほか，スキマ時間などでも使えます。

なお，解答ページにあるスクリプトは一つの例なので，読み上げる順番や内容を変化させれば，何度でも繰り返しリスニング問題を実施することが可能です。

また，プリントを撮影し，教師の声の録音データとともに，児童端末に送れば，家庭学習として活用することができます。ALT に協力してもらって音声データを作ってみてはいかがでしょうか。

聞く力を高めるトレーニング（pp.86-105）

【このプリントの概要】

ALT や教師の英語に触れる機会を増やすためのプリントです。
線で結んだり，記号で答えたりする形式なので，誰でも取り組むことができます。
単語だけを聞き取れば，正解にたどりつくことはできますが，それぞれに，「好きなものを伝えている」「果物を注文している」などの場面がありますので，その設定で使うフレーズとしての英語をたくさん耳にすることができます。

【使い方】

プリントを配付したら，スクリプトにある設定を伝えます。そして ALT に英語を読み上げてもらいます。
10問あるページでは，５問目が終わった段階で答え合わせをいれるとよいでしょう。
すべて終わったあとは，登場した英単語やフレーズをリピート練習するなどして，自分の口で英語を発する機会を創ることもおすすめです。

【指示例】（p.86 71 の場合）

T：みなさんの英語を聞き取る力を高めるプリントを配ります。
　受け取ったら，クラス，番号，名前を書きます。
C：先生，名前は英語で書きますか。
T：日本語でも，英語でも，どちらでもいいですよ。
T：では，今から３文字のアルファベットを続けて発音します。
　番号と聞こえたアルファベットを線で結びましょう。
　問題は10個あります。Are you ready?
C：Yes!
T：OK! Listen carefully. No.1.（以下略）

Worksheet

71 聞く力を高めるトレーニング アルファベット　大文字

Class [　　　] Number [　　　] Name [　　　　　　]

指示《しじ》を聞いて，点と点を結《むす》ぼう。

No. 1 ・	・ABD	No. 6 ・	・VVB
No. 2 ・	・PRZ	No. 7 ・	・BVB
No. 3 ・	・ZRP	No. 8 ・	・NML
No. 4 ・	・CRZ	No. 9 ・	・NNL
No. 5 ・	・ADD	No. 10 ・	・JDD

おわったら，なぞろう！　ABCDEFG HIJKLMN OPQRSTU VWXYZ

Worksheet

72 聞く力を高めるトレーニング アルファベット 小文字

Class [　　　] Number [　　　] Name [　　　　　]

指示《しじ》を聞いて，点と点を結《むす》ぼう。

No. 1 ・	・ jhl	No. 6 ・	・ wii
No. 2 ・	・ fxc	No. 7 ・	・ zzq
No. 3 ・	・ khl	No. 8 ・	・ sxt
No. 4 ・	・ pcc	No. 9 ・	・ wyy
No. 5 ・	・ ptc	No. 10 ・	・ ggq

おわったら，なぞろう！ abcdefg hijklnm opqrstu vwxyz

Worksheet

73 聞く力を高めるトレーニング 数字 ペット何匹《ひき》飼《か》っているの？

Class [　　　] Number [　　　] Name [　　　　　]

指示《しじ》を聞いて，動物とその数を書きこもう。

No. 1	Lisa	(ネコ	×)	No. 6	Hiroshi	(ウサギ	×)
No. 2	Tom	(	×)	No. 7	Nancy	(	×)
No. 3	Keiko	(	×)	No. 8	Bob	(	×)
No. 4	John	(	×)	No. 9	Mike	(	×)
No. 5	Kenta	(	×)	No. 10	Nana	(	×)

おわったら，なぞろう！ cat dog rabbit hamster

Worksheet

74 聞く力を高めるトレーニング 数字 値段《ねだん》はいくら？

Class [　　　] Number [　　　] Name [　　　　　　]

指示《しじ》を聞いて，点と点を結《むす》ぼう。

No. 1 ·	· 200円	No. 6 ·	· 180円
No. 2 ·	· 30円	No. 7 ·	· 300円
No. 3 ·	· 250円	No. 8 ·	· 630円
No. 4 ·	· 100円	No. 9 ·	· 85円
No. 5 ·	· 80円	No. 10 ·	· 850円

おわったら，なぞろう！ one two three four five six seven eight nine ten

Worksheet

75 聞く力を高めるトレーニング 果物《くだもの》 好《す》きな果物《くだもの》何かな？

Class [ ] Number [ ] Name [ ]

指示を聞いて，（ ）に記号を書きこもう。

No. 1	Lisa	（ ）	No. 6	Hiroshi	（ ）
No. 2	Tom	（ ）	No. 7	Nancy	（ ）
No. 3	Keiko	（ ）	No. 8	Bob	（ ）
No. 4	John	（ ）	No. 9	Mike	（ ）
No. 5	Kenta	（ ）	No. 10	Nana	（ ）

ア りんご	イ バナナ	ウ もも	エ メロン	オ パイナップル
カ スイカ	キ イチゴ	ク キウイ	ケ ブドウ	コ オレンジ

Worksheet

76 聞く力を高めるトレーニング 果物《くだもの》 果物《くだもの》くださいな。

Class [　　　] Number [　　　] Name [　　　　　　]

指示《しじ》を聞いて，点と点を結《むす》ぼう。

No.1 ・	・りんご×3	No.6 ・	・もも×5
No.2 ・	・キウイ×8	No.7 ・	・パイナップル×4
No.3 ・	・スイカ×1	No.8 ・	・イチゴ×12
No.4 ・	・メロン×2	No.9 ・	・オレンジ×6
No.5 ・	・バナナ×10	No.10 ・	・サクランボ×20

おわったら，なぞろう！ banana melon apple peach orange cherry

Worksheet

77 聞く力を高めるトレーニング スポーツ 得意《とくい》なスポーツ教えて！

Class [　　　] Number [　　　] Name [　　　　　　]

指示《しじ》を聞いて，(　　) に記号を書きこもう。

No. 1	Lisa	(　　)	No. 6	Hiroshi	(　　)
No. 2	Tom	(　　)	No. 7	Nancy	(　　)
No. 3	Keiko	(　　)	No. 8	Bob	(　　)
No. 4	John	(　　)	No. 9	Mike	(　　)
No. 5	Kenta	(　　)	No. 10	Nana	(　　)

ア 野球　イ サッカー　ウ バスケットボール　エ たっきゅう　オ テニス
カ 水泳　キ スキー　ク バレーボール　ケ バドミントン　コ 体操《たいそう》

Worksheet

78 聞く力を高めるトレーニング 動物 好《す》きな動物教えて！

Class [　　　] Number [　　　] Name [　　　　　　]

指示《しじ》を聞いて，点と点を結《むす》ぼう。

No. 1 Lisa ·	· パンダ	No. 6 Hiroshi ·	· トラ
No. 2 Tom ·	· ネコ	No. 7 Nancy ·	· ペンギン
No. 3 Keiko ·	· ライオン	No. 8 Bob ·	· ゾウ
No. 4 John ·	· イヌ	No. 9 Mike ·	· コアラ
No. 5 Kenta ·	· イルカ	No. 10 Nana ·	· 鳥

おわったら，なぞろう！ dog cat lion tiger koala panda bird penguin

Worksheet

79 聞く力を高めるトレーニング 動物 飼《か》いたい動物教えて！

Class [　　　] Number [　　　] Name [　　　　　　]

指示《しじ》を聞いて，(　　) に記号を書きこもう。

No. 1	Lisa	(　　)	No. 6	Hiroshi	(　　)
No. 2	Tom	(　　)	No. 7	Nancy	(　　)
No. 3	Keiko	(　　)	No. 8	Bob	(　　)
No. 4	John	(　　)	No. 9	Mike	(　　)
No. 5	Kenta	(　　)	No. 10	Nana	(　　)

ア カブトムシ　イ イヌ　ウ ウサギ　エ 鳥　オ ハムスター
カ クワガタ　キ ネコ　ク ひつじ　ケ へび　コ 金魚

Worksheet

80 聞く力を高めるトレーニング 野菜《やさい》 好《す》きではない野菜《やさい》，な～に？

Class [　　　] Number [　　　] Name [　　　　　　]

指示《しじ》を聞いて，（　　）に記号を書きこもう。

No. 1	Lisa	(　　)	No. 6	Hiroshi	(　　)
No. 2	Tom	(　　)	No. 7	Nancy	(　　)
No. 3	Keiko	(　　)	No. 8	Bob	(　　)
No. 4	John	(　　)	No. 9	Mike	(　　)
No. 5	Kenta	(　　)	No. 10	Nana	(　　)

ア　なす　イ　ピーマン　ウ　たまねぎ　エ　じゃがいも　オ　ブロッコリー
カ　トマト　キ　キュウリ　ク　にんじん　ケ　ほうれんそう　コ　マッシュルーム

Worksheet

81 聞く力を高めるトレーニング 国 どこ出身かな？

Class [ ] Number [ ] Name [ ]

指示《しじ》を聞いて，点と点を結《むす》ぼう。

No. 1 Sylvia・	・カナダ	No. 6 Leonardo・	・オーストラリア
No. 2 Mike・	・ドイツ	No. 7 Luna・	・イギリス
No. 3 Paul・	・スペイン	No. 8 Li・	・中国
No. 4 Emma・	・ブラジル	No. 9 Makka・	・イタリア
No. 5 Maria・	・フランス	No. 10 Olivia・	・エジプト

おわったら，なぞろう！ Japan America China Brazil France

Worksheet

82 聞く力を高めるトレーニング 国 行きたい国はどこ？

Class [　　　] Number [　　　] Name [　　　　　　　]

指示《しじ》を聞いて，点と点を結《むす》ぼう。

No. 1 Takashi・	・タイ	No. 6 Keiko・	・ベトナム
No. 2 Miki・	・韓国《かんこく》	No. 7 Daisuke・	・ケニア
No. 3 Shigeru・	・スイス	No. 8 Hina・	・エジプト
No. 4 Remi・	・フィリピン	No. 9 Masaki・	・フィンランド
No. 5 Ryuta・	・スウェーデン	No. 10 Chika・	・トルコ

おわったら，なぞろう！ Australia Germany Egypt Korea

Worksheet

83 聞く力を高めるトレーニング 教科 5時間目の授業《じゅぎょう》はな～に？

Class [ ] Number [ ] Name [ ]

指示《しじ》を聞いて，( ) に記号を書きこもう。

No. 1	Monday	( )	No. 6	Monday	( )
No. 2	Tuesday	( )	No. 7	Tuesday	( )
No. 3	Wednesday	( )	No. 8	Wednesday	( )
No. 4	Thursday	( )	No. 9	Thursday	( )
No. 5	Friday	( )	No. 10	Friday	( )

ア 国語　イ 算数　ウ 音楽　エ 体育　オ 図工　カ 理科

Worksheet

84 聞く力を高めるトレーニング 天気　どんな天気かな？

Class [　　　] Number [　　　] Name [　　　　　　]

指示《しじ》を聞いて，（　　）に記号を書きこもう。

天気マーク例

No. 1	さっぽろ	（　　）	No. 6	はこだて	（　　）
No. 2	せんだい	（　　）	No. 7	こおりやま	（　　）
No. 3	とうきょう	（　　）	No. 8	よこはま	（　　）
No. 4	なごや	（　　）	No. 9	まつやま	（　　）
No. 5	ながさき	（　　）	No. 10	なは	（　　）

おわったら，なぞろう！ sunny cloudy rainy snowy

Worksheet

85 聞く力を高めるトレーニング 時刻《じこく》 何時におきる？何時にねる？

Class [ ] Number [ ] Name [ ]

指示《しじ》を聞いて，（ ）に数字を書きこもう。

	おきる時刻《じこく》	ねる時刻《じこく》		おきる時刻《じこく》	ねる時刻《じこく》
No. 1	(:)	(:)	No. 6	(:)	(:)
No. 2	(:)	(:)	No. 7	(:)	(:)
No. 3	(:)	(:)	No. 8	(:)	(:)
No. 4	(:)	(:)	No. 9	(:)	(:)
No. 5	(:)	(:)	No. 10	(:)	(:)

おわったら，なぞろう！ get up / go to bed / time

Worksheet

86 聞く力を高めるトレーニング 曜日 放課後《ほうかご》，何するの？①

Class [　　　] Number [　　　] Name [　　　　　　]

指示《しじ》を聞いて，点と点を結《むす》ぼう。

No. 1 Takashi・	・月・	・ピアノ
No. 2 Miki・	・火・	・ギター
No. 3 Shigeru・	・水・	・サッカー
No. 4 Remi・	・木・	・バドミントン
No. 5 Ryuta・	・金・	・テニス

おわったら，なぞろう！ Sunday Monday Tuesday Wednesday

Worksheet

87 聞く力を高めるトレーニング 曜日　放課後《ほうかご》，何するの？②

Class [　　　] Number [　　　] Name [　　　　　　]

指示《しじ》を聞いて，点と点を結《むす》ぼう。

No. 1　Keiko　・	・月・	・バレーボール
No. 2　Daisuke・	・火・	・ヴァイオリン
No. 3　Hina　・	・水・	・バスケットボール
No. 4　Masaki　・	・木・	・野球
No. 5　Chika　・	・金・	・アイスホッケー

おわったら，なぞろう！　Thursday Friday Saturday

Worksheet

88 聞く力を高めるトレーニング 誕生日《たんじょうび》 お誕生日《たんじょうび》はいつ？

Class [　　　] Number [　　　] Name [　　　　　　]

指示《しじ》を聞いて，（　　）に日付を書きこもう。

No. 1 Sylvia（　　月　　日） No. 6 Leonardo（　　月　　日）

No. 2 Mike（　　月　　日） No. 7 Luna（　　月　　日）

No. 3 Paul（　　月　　日） No. 8 Li（　　月　　日）

No. 4 Emma（　　月　　日） No. 9 Makka（　　月　　日）

No. 5 Maria（　　月　　日） No. 10 Olivia（　　月　　日）

おわったら，なぞろう！ happy birthday present song cake

Worksheet

89 聞く力を高めるトレーニング 職業《しょくぎょう》 なりたい職業《しょくぎょう》教えて！

Class [　　] Number [　　] Name [　　]

指示《しじ》を聞いて，（　）に記号を書きこもう。

No. 1	Lisa	(　)	No. 6	Hiroshi	(　)
No. 2	Tom	(　)	No. 7	Nancy	(　)
No. 3	Keiko	(　)	No. 8	Bob	(　)
No. 4	John	(　)	No. 9	Mike	(　)
No. 5	Kenta	(　)	No. 10	Nana	(　)

ア 医師《いし》　イ 歌手　ウ 消防士《しょうぼうし》　エ 警察官《けいさつかん》　オ 野球選手《せんしゅ》
カ 獣医《じゅうい》　キ 料理人《りょうりにん》　ク 看護師《かんごし》　ケ パン屋　コ パイロット

Worksheet

90 聞く力を高めるトレーニング 総合問題《そうごうもんだい》 自己紹介《じこしょうかい》

Class [ ] Number [ ] Name [ ]

指示《しじ》を聞いて，（ ）に言葉（日本語）や数字を書きこもう。

Maria	Greg
・出身地（ ）	・出身地（ ）
・誕生日《たんじょうび》（ 月 日）	・誕生日《たんじょうび》（ 月 日）
・好《す》き（ ）	・好《す》き（ ）
・好《す》きじゃない（ ）	・好《す》きじゃない（ ）
・行きたい国（ ）	・行きたい国（ ）

おわったら，なぞろう！ Canada China Spain Australia

Chapter 3

ペアで楽しくできる！らくらく話すことプリント10

話すことプリントの使い方

この章では以下のプリントを紹介しています（＊は対象学年）。

・インタビューシート
　＊３～６年

各プリントの所要時間は５分程度です。

プリントを使うと簡単なやり取りがすぐにできるので，ペアで楽しく英語に慣れ親しむ活動ができます。

短時間でできるので，授業での既習事項の確認の時間のほか，スキマ時間などでも使えます。

インタビューシート（pp.108-117）

【このプリントの概要】

このプリントを使えば，英語でやり取りをする機会を授業に生み出すことができます。

主に復習，習熟を目的に利用してください。

インタビューの結果を記録する部分があるので，誰がどのくらい話したのか，客観的に測ることができます。

【使い方】

プリントを配付したら，必要なダイアログ（質問と答え）の英文を練習しましょう。

どんな意味のやり取りなのかを明確にしないと，意味のない活動になってしまいます。

使う英語がスムーズに言えるようになってから，活動をスタートさせます。

端末が利用可能な場合は，紙ではなく，端末に画像を送り，そこに活動の記録をさせることをおすすめします。

【ダイアログ例】（p.108 91 ～p.117 100 ）

91 Q:Do you like sushi？	A: Yes, I do. / No, I don't.
92 Q:What sport do you like?	A: I like baseball.
93 Q:Can you cook curry and rice?	A: Yes, I can. / No, I can't.
94 Q:Do you have a ruler?	A: Yes, I do. / No, I don't.
95 Q:What animal do you have?	A: I have a cat. / I don't have a pet.
Q: What animal do you want?	A: I want a cat.
96 Q:When is your birthday?	A: My birthday is April 30th.
97 Q:Where do you want to go during winter vacation?	A: I want to go to Okinawa.
98 Q:What time do you get up / go to bed?	A：I get up at 6. / I go to bed at 9.
99 Q:How many pencils do you have?	A: I have three pencils.
100 Q:What's your favorite movie?	A: My favorite movie is Doraemon.

Worksheet

91 インタビューシート　～は好《す》きですか？

Class [　　　] Number [　　　] Name [　　　　　　]

 ?

（例）  ? すし

Yes! 

No! 

ふりかえり　がんばったこと，
できるようになったことなど

Worksheet

92 インタビューシート どんな～が好《す》き？

Class [　　　] Number [　　　] Name [　　　　　　]

？ 色　動物　季節《きせつ》　食べ物
果物《くだもの》　教科　スポーツ

（例） ？ 色　動物　季節《きせつ》　食べ物
果物《くだもの》　教科　スポーツ

名前	答え

名前	答え

ふりかえり　がんばったこと，
できるようになったことなど

Worksheet

93 インタビューシート ~できる？（料理《りょうり》・楽器編《がっきへん》）

Class [ ] Number [ ] Name [ ]

可？ 料理《りょうり》 [ ]
演奏《えんそう》 [ ]

（例） 可？ 料理《りょうり》 [ ]
演奏《えんそう》 [ピアノ]

Yes!

No!

ふりかえり がんばったこと，
できるようになったことなど

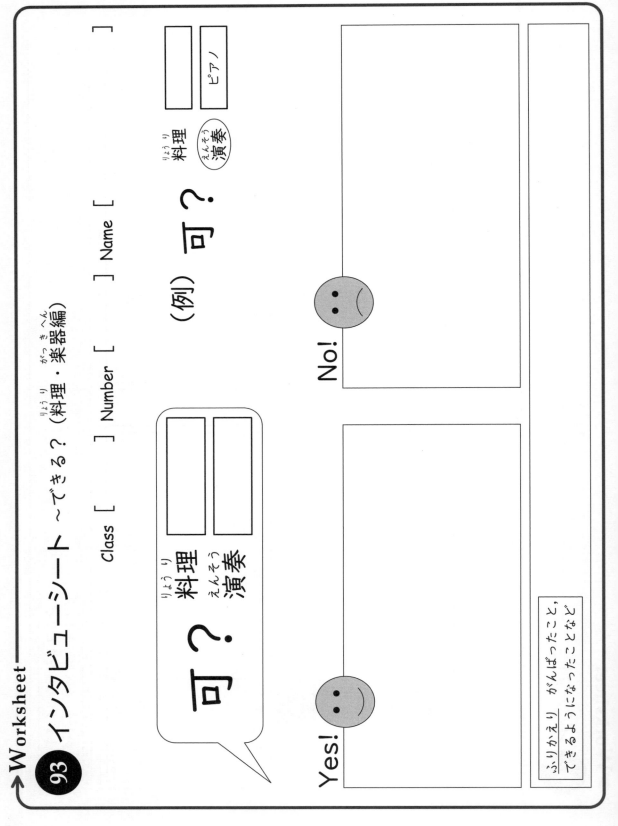

Worksheet

94 インタビューシート ～持っていますか？

Class [　　　] Number [　　　] Name [　　　　　　]

持？

えんぴつ　消しゴム
兄弟　姉妹　犬　ネコ
その他（　　　　）

（例）持？

えんぴつ　消しゴム
兄弟　姉妹　犬　ネコ
その他（　　　　）

Yes!

No!

ふりかえり　がんばったこと，できるようになったことなど

Worksheet

95 インタビューシート どんな動物飼《か》っている（飼《か》いたい）？

Class [　　　] Number [　　　] Name [　　　　　　]

?(動物)飼・欲

（例） ?(動物)飼・欲

名　前	答　え

名　前	答　え

ふりかえり　がんばったこと，できるようになったことなど

Worksheet

96 インタビューシート 誕生日《たんじょうび》はいつ？

Class [　　　] Number [　　　] Name [　　　　　　]

？誕生日

Jan. Feb. Mar. Apr. May Jun.
Jul. Aug. Sep. Oct. Nov. Dec.

1	2	3	4	5	6	7	8	9	10	
11	12	13	14	15	16	17	18	19	20	
21	22	23	24	25	26	27	28	29	30	31

自分の誕生月《たんじょうつき》と誕生日《たんじょうび》を○でかこもう。

名前	答え

名前	答え

ふりかえり　がんばったこと，できるようになったことなど

Worksheet

97 インタビューシート　どこ行きたい？

Class [　　　] Number [　　　] Name [　　　　　　　　]

どこ？　行

交通手段《しゅだん》
（自転車　電車　バス　車　飛行機《ひこうき》）

時期
（　明日　次の土曜　次の日曜
GW中　夏休み中　冬休み中　）

ちょこっと
変化～！！

名　前	答　え

名　前	答　え

ふりかえり　がんばったこと，
できるようになったことなど

Worksheet

98 インタビューシート 何時におきる？ねる？

Class [ ] Number [ ] Name [ ]

起・寝

（例） 起・寝

名前	答え

名前	答え

ふりかえり がんばったこと，できるようになったことなど

Worksheet

99 インタビューシート いくつ～持っていますか？

Class [　　　] Number [　　　] Name [　　　　　　]

？×

えんぴつ　消しゴム
兄弟　姉妹　犬　ネコ
その他（　　　）

持

（例）？×

えんぴつ　消しゴム
兄弟　姉妹　犬　ネコ
その他（　　　）

持

名前	答え

名前	答え

ふりかえり　がんばったこと，
できるようになったことなど

Worksheet

100 インタビューシート　お気に入りの～はなんですか？

Class [　　　] Number [　　　] Name [　　　　　　]

何♥？
映画《えいが》　まんが　曲
TV番組　アニメ
おかし　レストラン
その他（　　　　）

（例）何♥？
映画《えいが》　まんが　曲
TV 番組　（アニメ）
おかし　レストラン
その他（　　　　）

名　前	答　え

名　前	答　え

ふりかえり　がんばったこと，できるようになったことなど

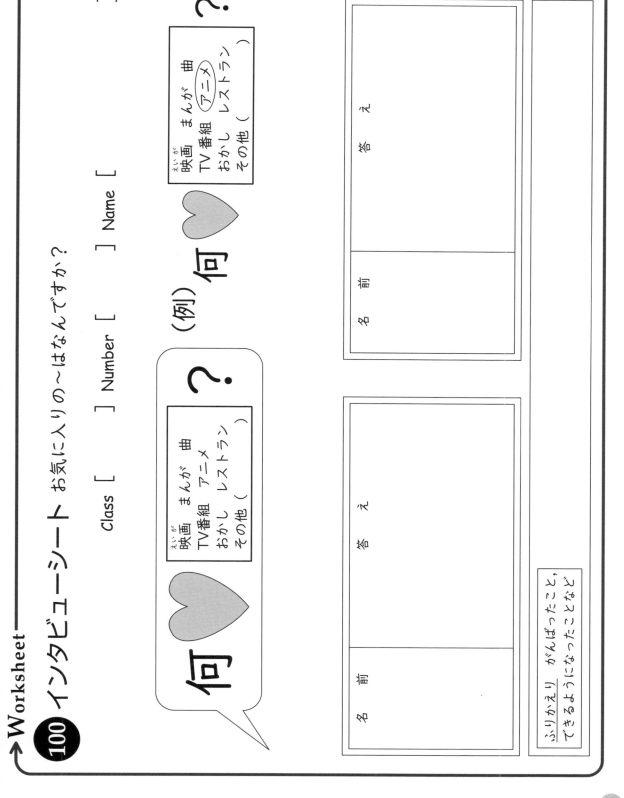

1 p.14

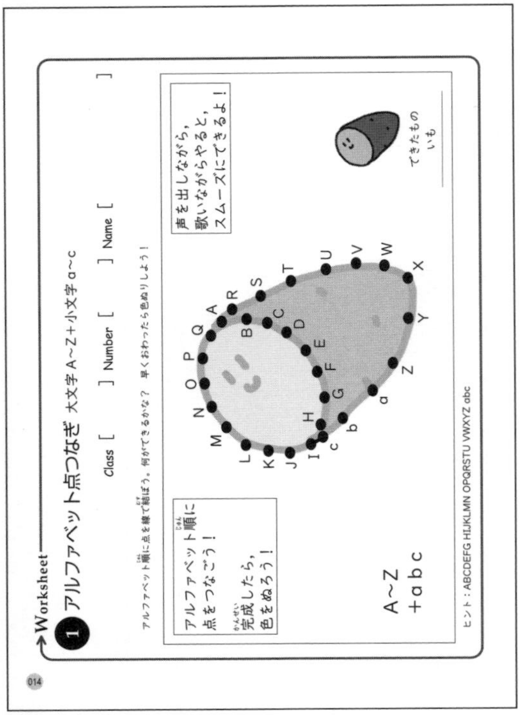

2 p.15

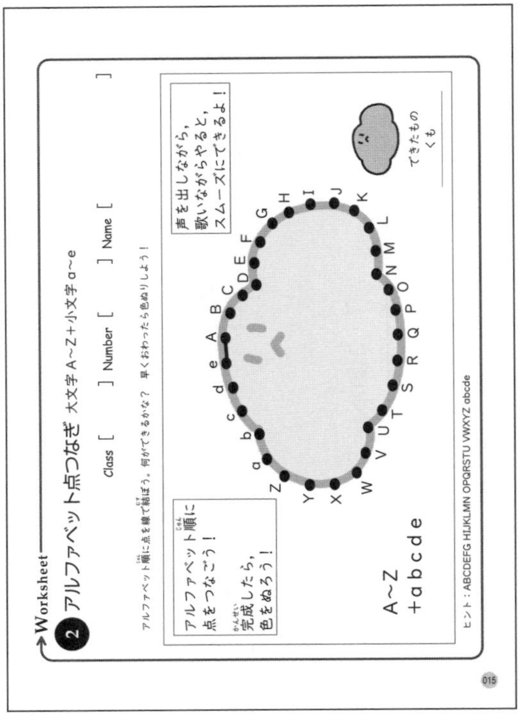

3 p.16

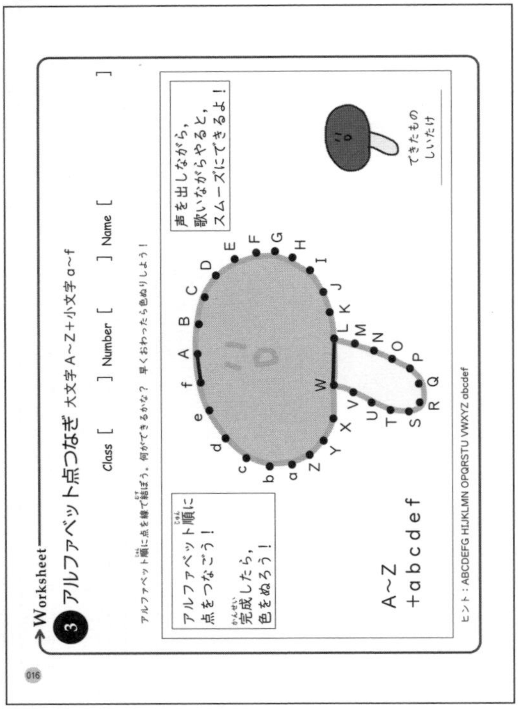

4 p.17

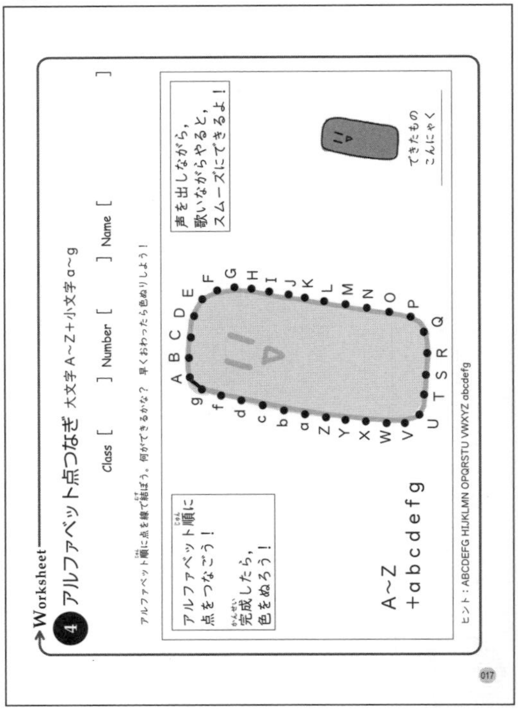

5 p.18

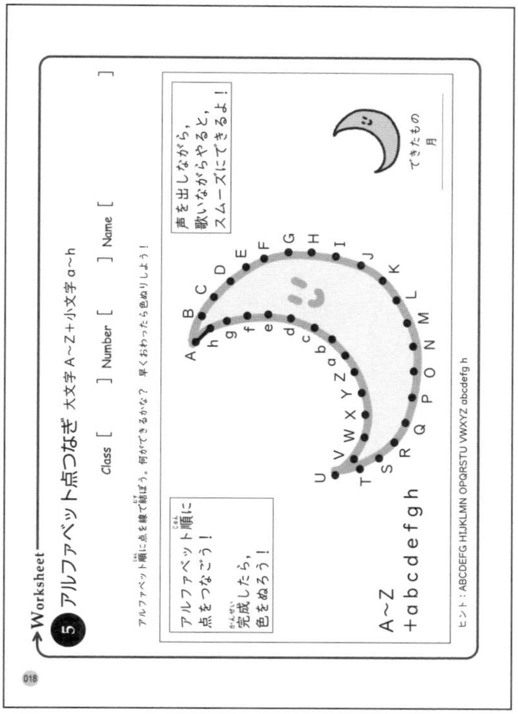

6 p.19

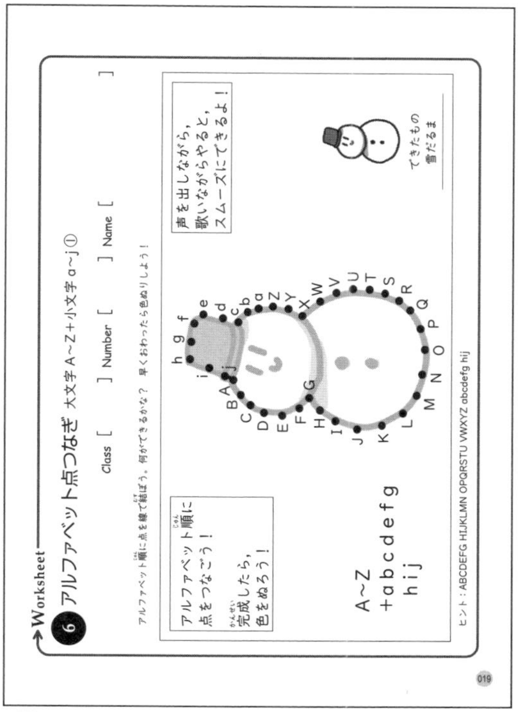

7 p.20

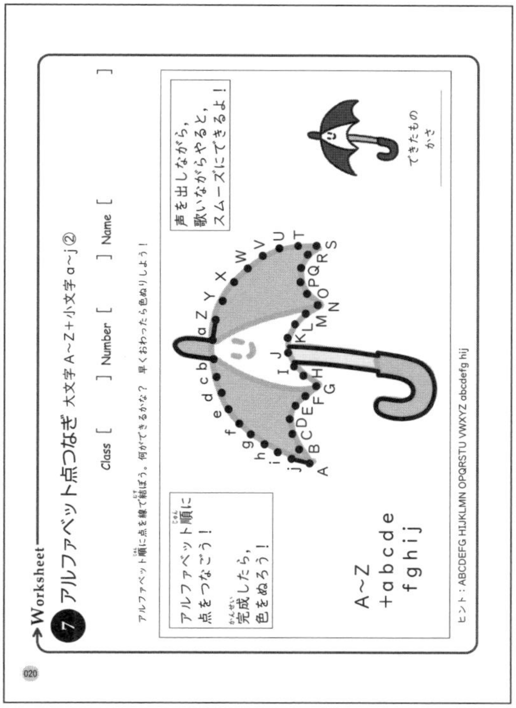

8 p.21

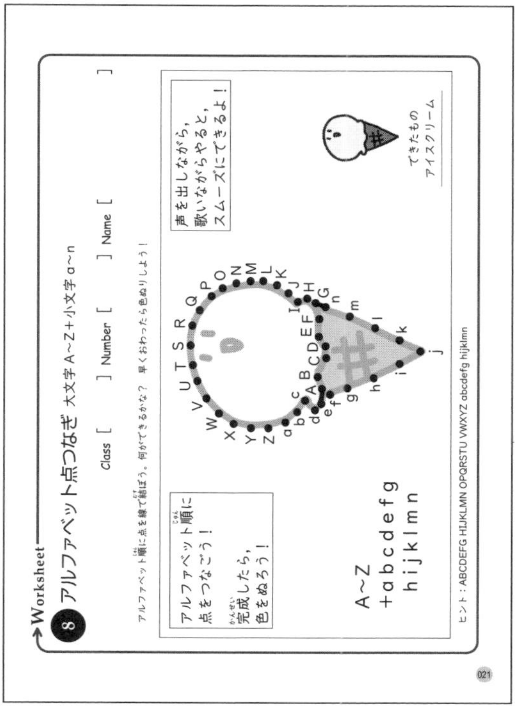

9 p.22

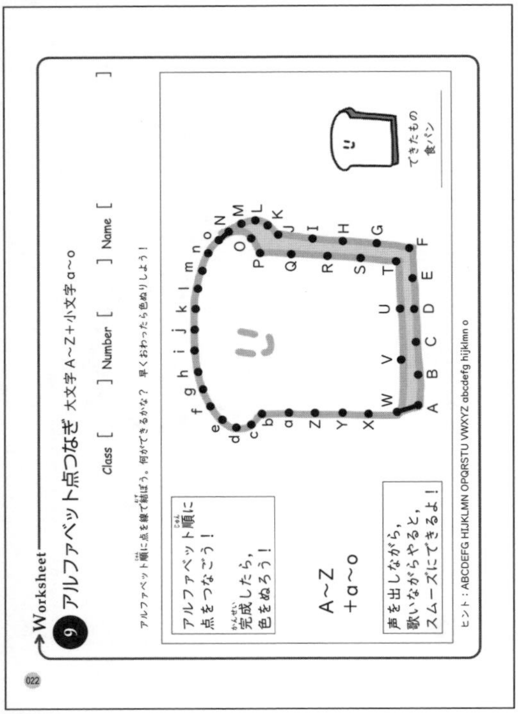
Worksheet
9 アルファベット点つなぎ 大文字A～Z＋小文字a～o
Class [ ] Number [ ] Name [ ]
アルファベット順に点を線で結ぼう。何ができるかな？ 早くおわったら色ぬりしよう！
アルファベット順《じゅん》に点をつなごう！ 完成《かんせい》したら、色をぬろう！
A～Z
＋a～o
声を出しながら、歌いながらやると、スムーズにできるよ！
できたもの 食パン
ヒント：ABCDEFG HIJKLMN OPQRSTU VWXYZ abcdefg hijklmn o
022

10 p.23

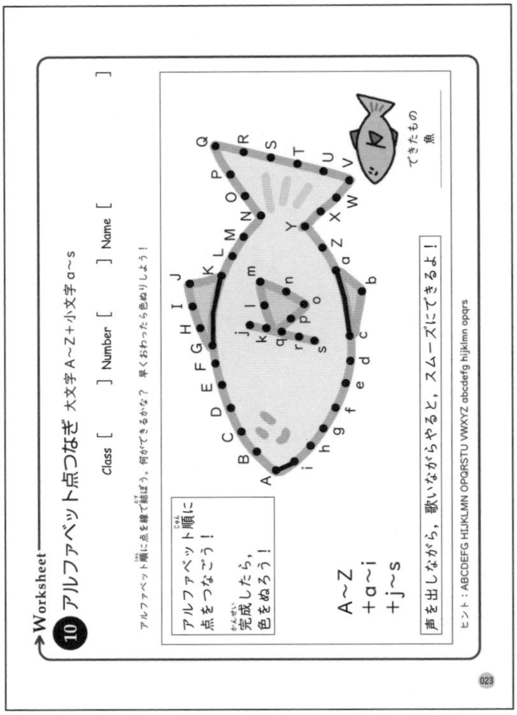
Worksheet
10 アルファベット点つなぎ 大文字A～Z＋小文字a～s
Class [ ] Number [ ] Name [ ]
アルファベット順に点を線で結ぼう。何ができるかな？ 早くおわったら色ぬりしよう！
アルファベット順《じゅん》に点をつなごう！ 完成《かんせい》したら、色をぬろう！
A～Z
＋a～i
＋j～s
声を出しながら、歌いながらやると、スムーズにできるよ！
できたもの 魚
ヒント：ABCDEFG HIJKLMN OPQRSTU VWXYZ abcdefg hijklmn opqrs
023

11 p.24

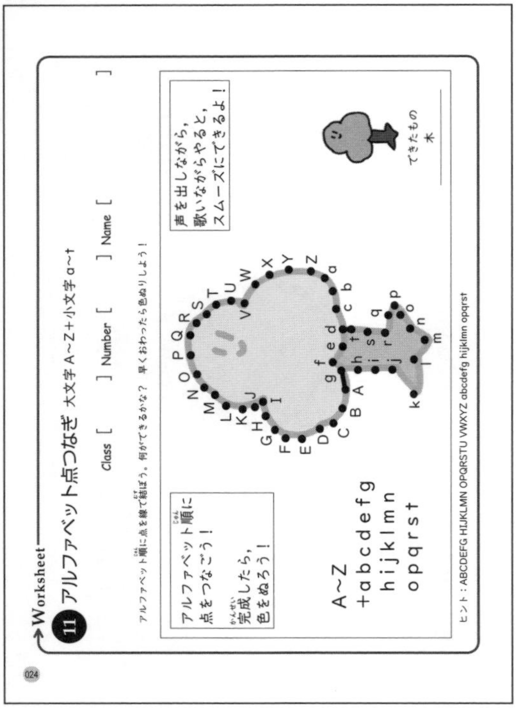
Worksheet
11 アルファベット点つなぎ 大文字A～Z＋小文字a～t
Class [ ] Number [ ] Name [ ]
アルファベット順に点を線で結ぼう。何ができるかな？ 早くおわったら色ぬりしよう！
アルファベット順《じゅん》に点をつなごう！ 完成《かんせい》したら、色をぬろう！
A～Z
＋abcdefg
hijklmn
opqrst
声を出しながら、歌いながらやると、スムーズにできるよ！
できたもの 木
ヒント：ABCDEFG HIJKLMN OPQRSTU VWXYZ abcdefg hijklmn opqrst
024

12 p.25

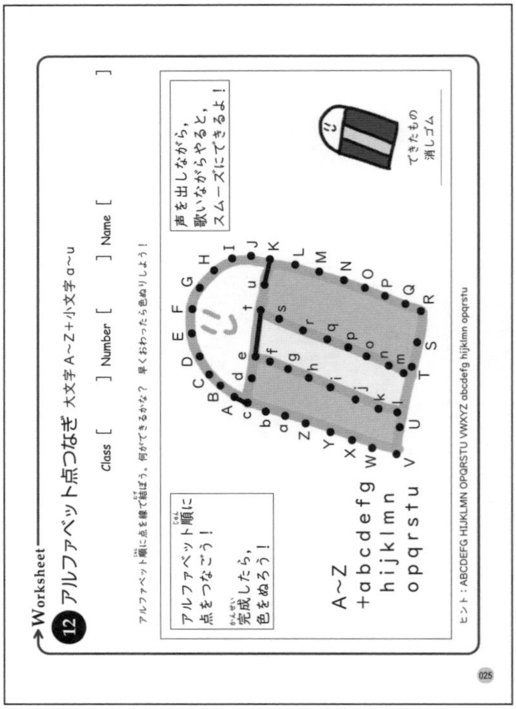
Worksheet
12 アルファベット点つなぎ 大文字A～Z＋小文字a～u
Class [ ] Number [ ] Name [ ]
アルファベット順に点を線で結ぼう。何ができるかな？ 早くおわったら色ぬりしよう！
アルファベット順《じゅん》に点をつなごう！ 完成《かんせい》したら、色をぬろう！
A～Z
＋abcdefg
hijklmn
opqrstu
声を出しながら、歌いながらやると、スムーズにできるよ！
できたもの 消しゴム
ヒント：ABCDEFG HIJKLMN OPQRSTU VWXYZ abcdefg hijklmn opqrstu
025

13 p.26

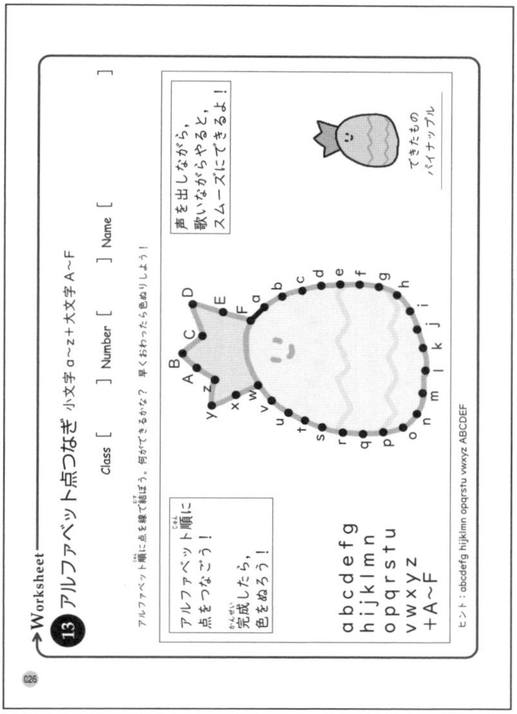

14 p.27

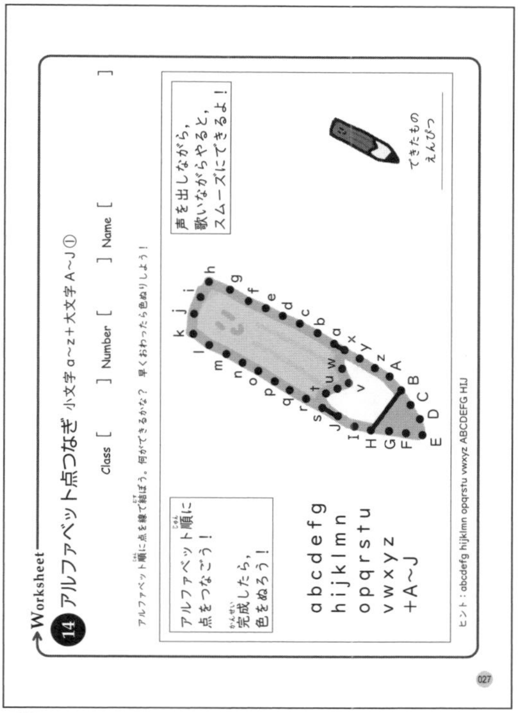

15 p.28

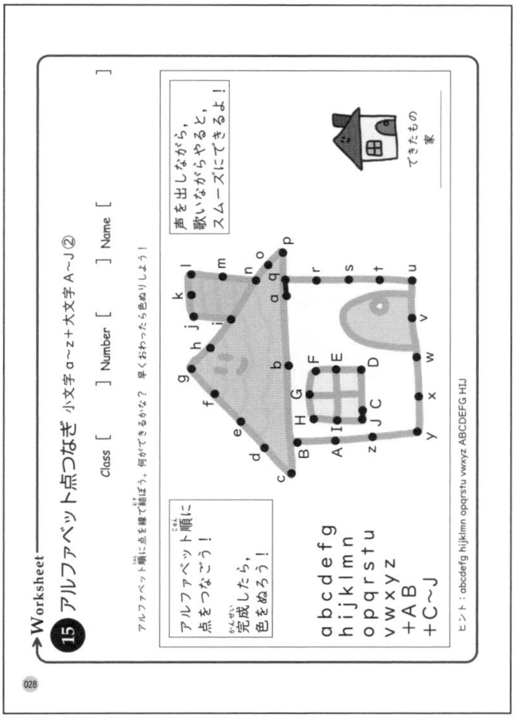

16 p.29

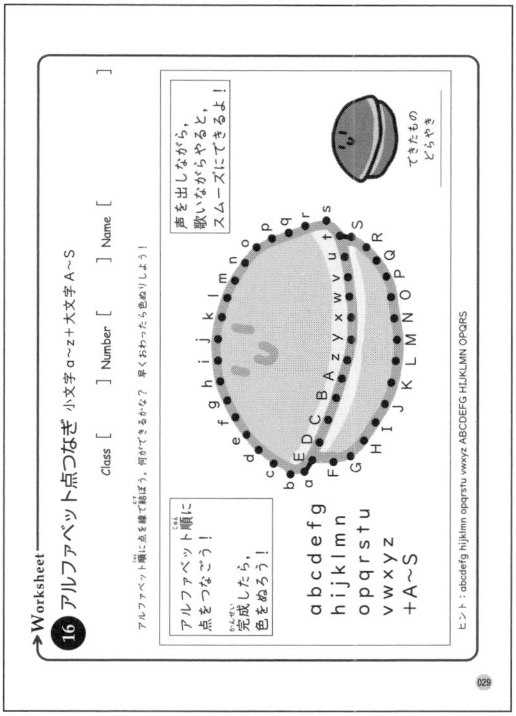

17 p.30

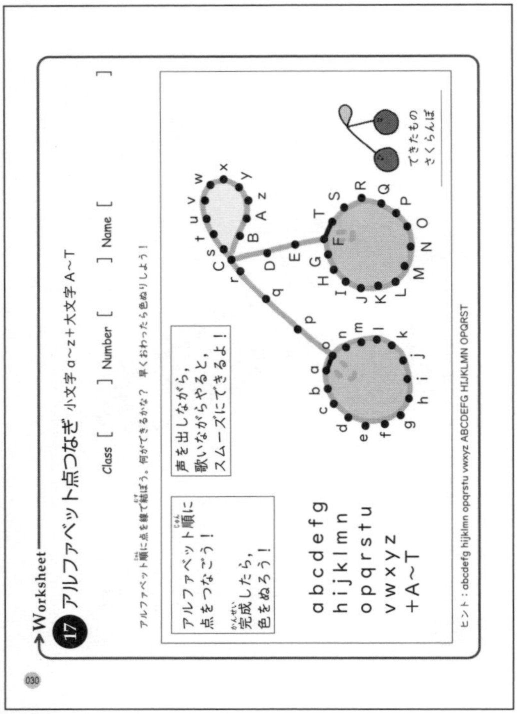

18 p.31

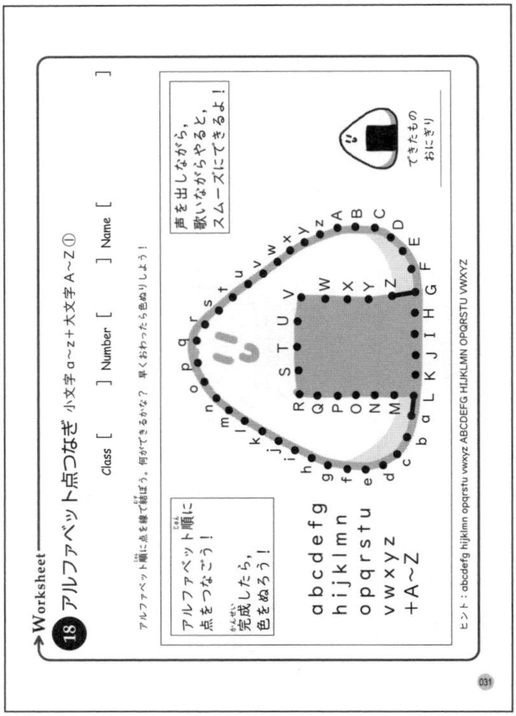

19 p.32

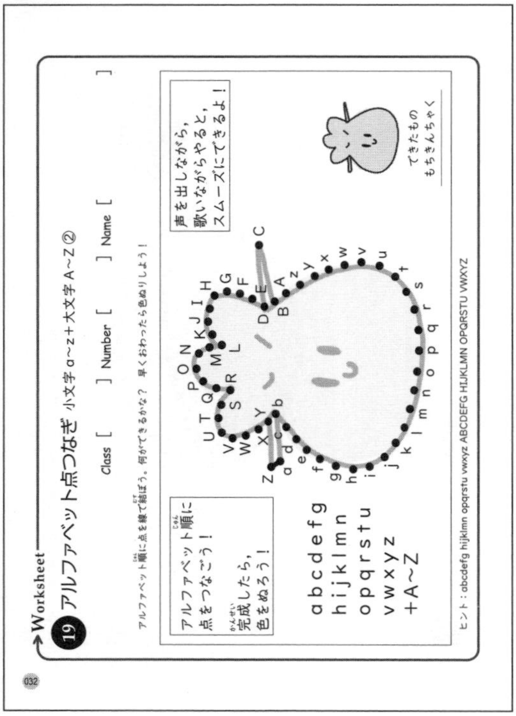

20 p.33

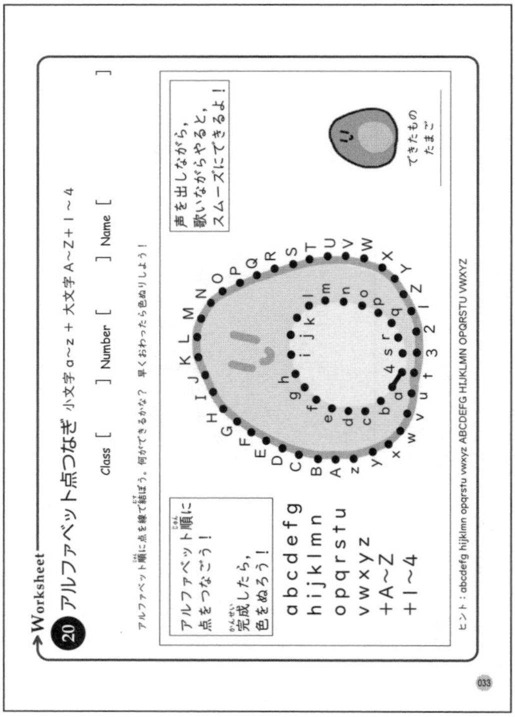

21 p.34

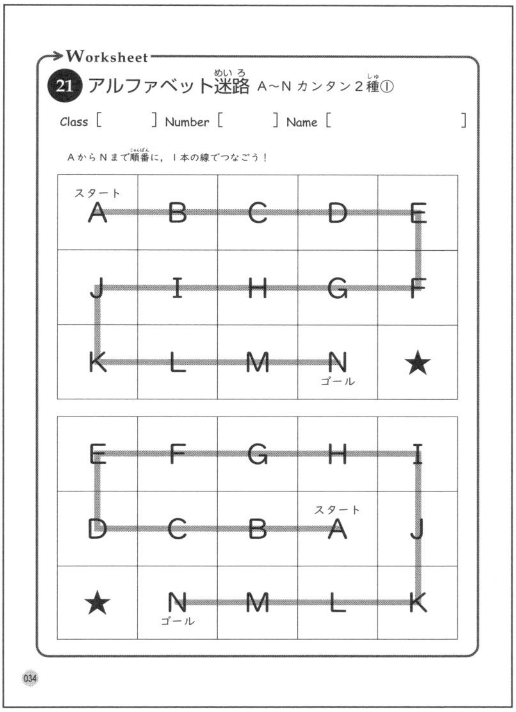

22 p.35

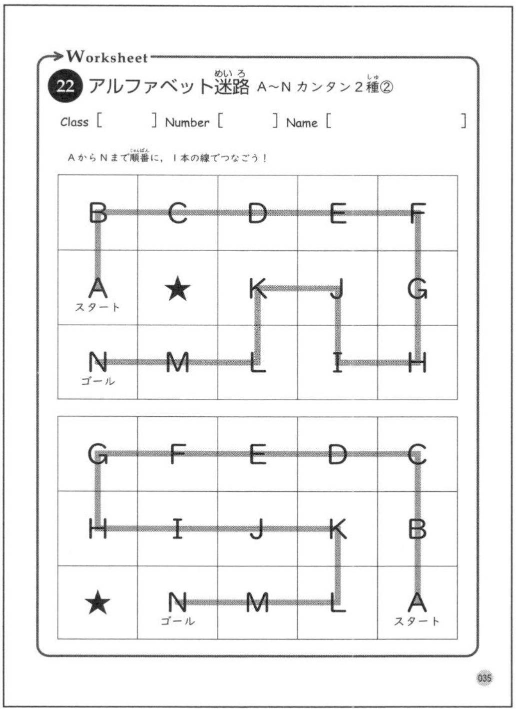

23 p.36

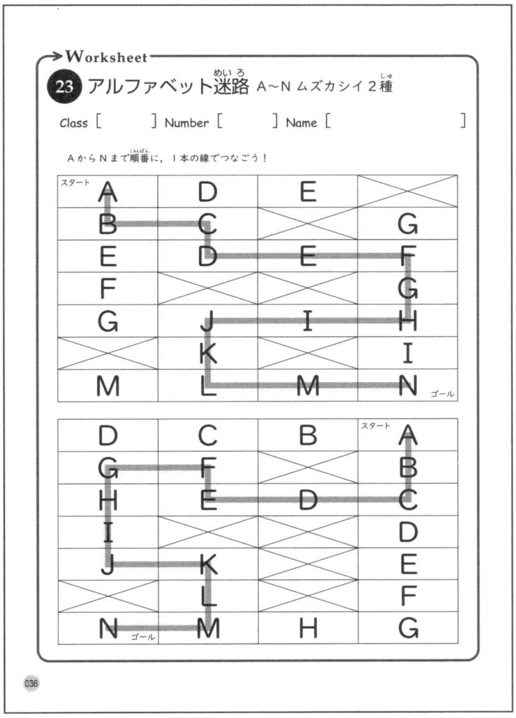

24 p.37

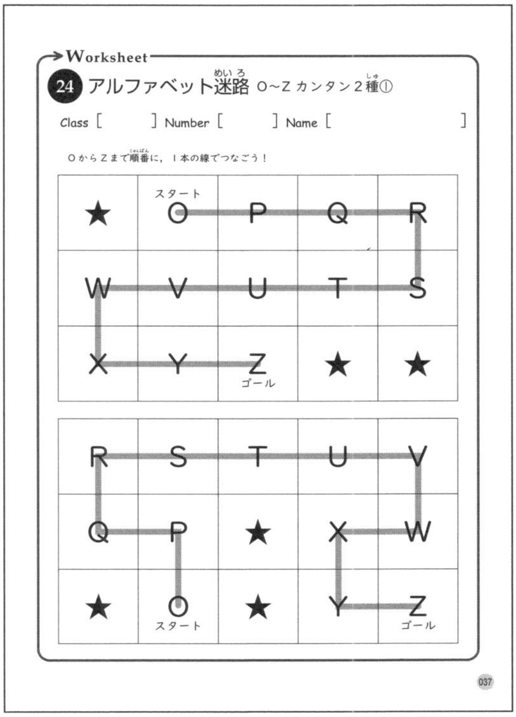

25 p.38

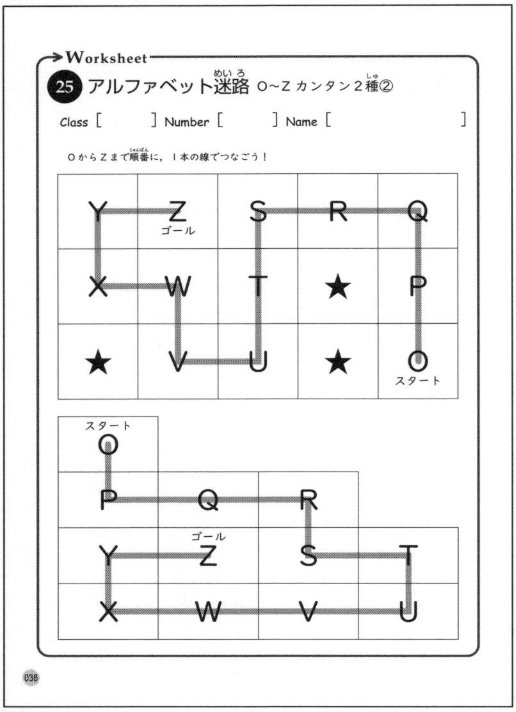

26 p.39

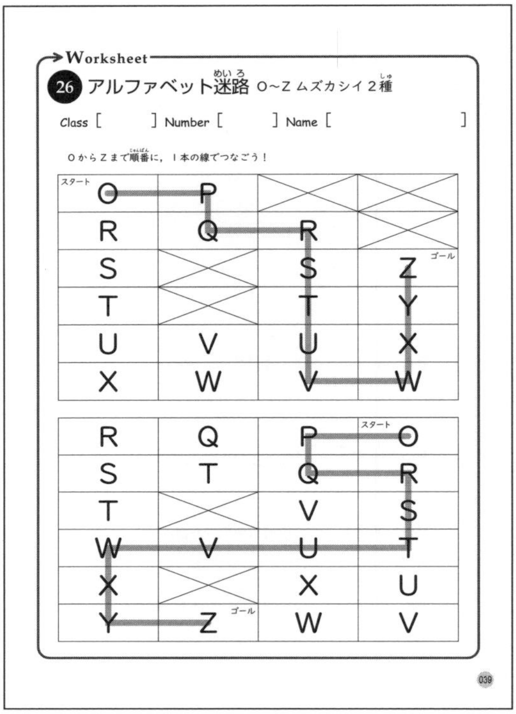

27 p.40

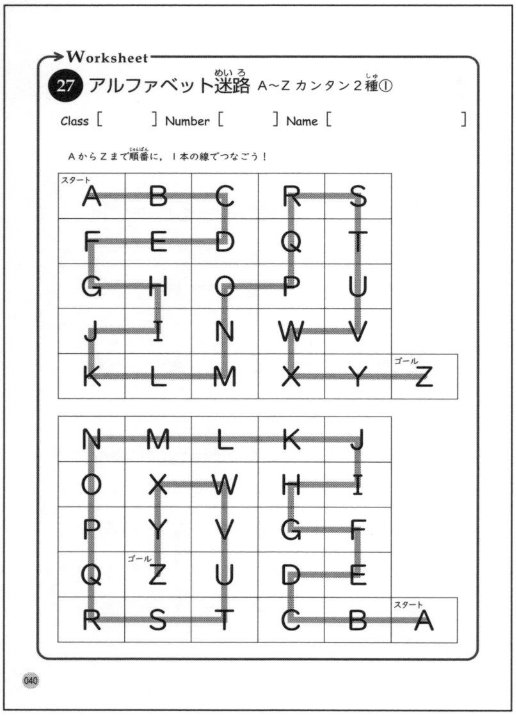

28 p.41

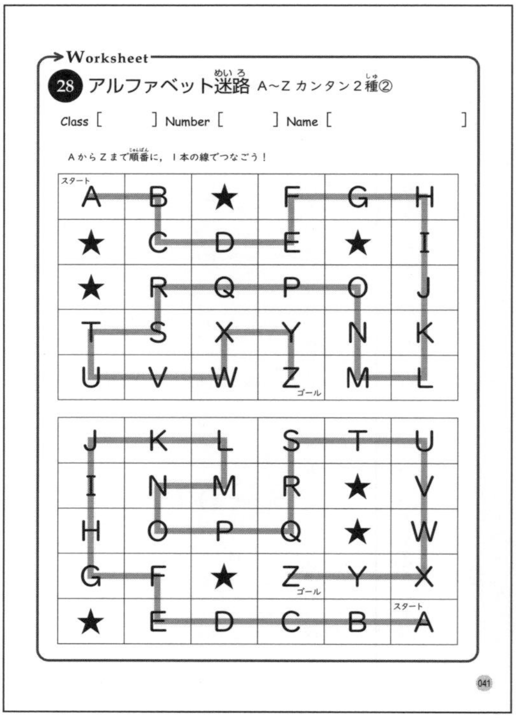

29 p.42

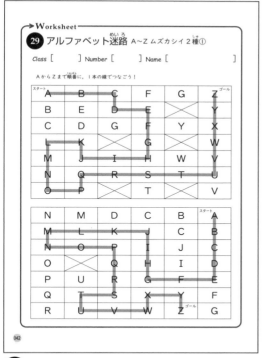

Worksheet

29 アルファベット迷路《めいろ》 A～Z ムズカシイ２種《しゅ》①

Class [　　] Number [　　] Name [　　]

A から Z まで順番《じゅんばん》に，１本の線でつなごう！

スタート A	B	C	F	G	Z ゴール
B	E	D	E	☒	Y
C	D	G	F	Y	X
L	K	☒	G	☒	W
M	J	I	H	W	V
N	Q	R	S	T	U
O	P	☒	T	☒	V

N	M	D	C	B	スタート A
M	L	K	J	C	B
N	O	P	I	J	C
O	☒	Q	H	I	D
P	U	R	G	F	E
Q	T	S	X	Y	F
R	U	V	W	Z ゴール	G

30 p.43

Worksheet

30 アルファベット迷路《めいろ》 A～Z ムズカシイ２種《しゅ》②

Class [　　] Number [　　] Name [　　]

A から Z まで順番《じゅんばん》に，１本の線でつなごう！

C	B	A スタート	B	C	D
D	☒	H	G	F	E
E	N	O	P	G	Z ゴール
F	M	R	Q	R	Y
G	L	K	R	W	X
H	I	J	S	V	☒
I	J	K	T	U	V

U	T	S	R	Q	R
Z ゴール	U	P	S	P	Q
Y	V	O	N	O	P
X	W	F	M	L	K
G	F	E	H	M	J
B	C	D	G	J	I
A スタート	F	E	F	G	H

31 p.44

Worksheet

31 アルファベット迷路《めいろ》 a～n カンタン２種《しゅ》①

Class [　　] Number [　　] Name [　　]

a から n まで順番《じゅんばん》に，１本の線でつなごう！

a スタート	b	c	d
h	g	f	e
i	j	k	l
		n ゴール	m

e	f	i	j
d	g	h	k
c	b	★	l
★	a スタート	n ゴール	m

32 p.45

Worksheet

32 アルファベット迷路《めいろ》 a～n カンタン２種《しゅ》②

Class [　　] Number [　　] Name [　　]

a から n まで順番《じゅんばん》に，１本の線でつなごう！

a スタート	d	e	f
b	c	h	g
m	n ゴール	i	★
l	k	j	★

h	g	b	a スタート
i	f	c	★
j	e	d	★
k	l	m	n ゴール

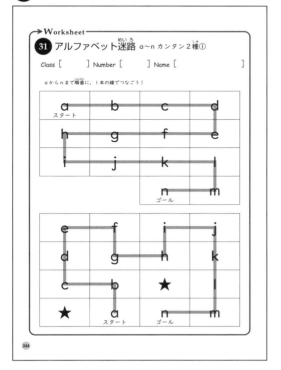

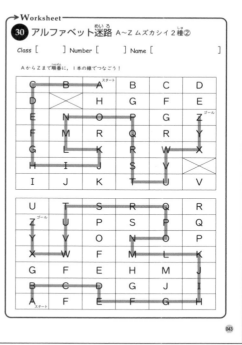

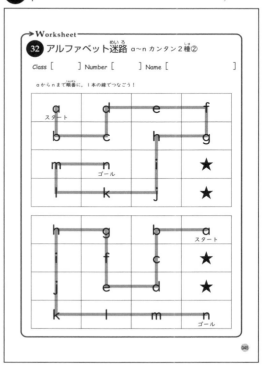

33 p.46

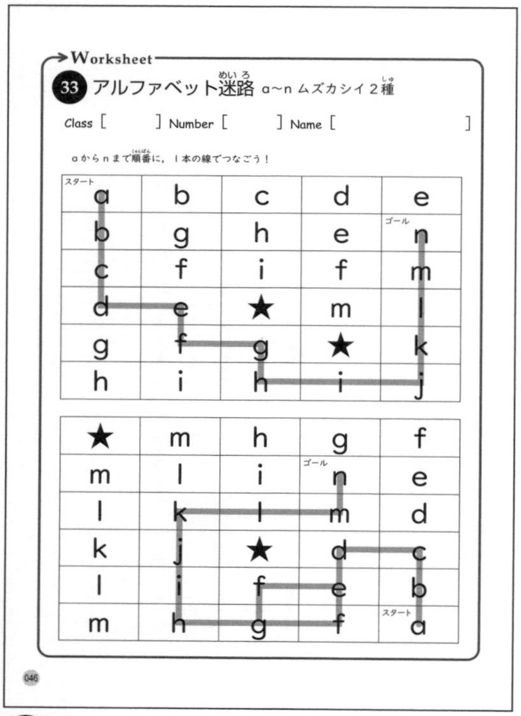

Worksheet

33 アルファベット迷路《めいろ》 a~n ムズカシイ２種《しゅ》

Class [　　] Number [　　] Name [　　]

aからnまで順番《じゅんばん》に，１本の線でつなごう！

スタート a	b	c	d	e
b	g	h	e	ゴール n
c	f	i	f	m
d	e	★	m	l
g	f	g	★	k
h	i	h	i	j

★	m	h	g	f
m	l	i	ゴール n	e
l	k	l	m	d
k	j	★	d	c
l	i	f	e	b
m	h	g	f	スタート a

046

34 p.47

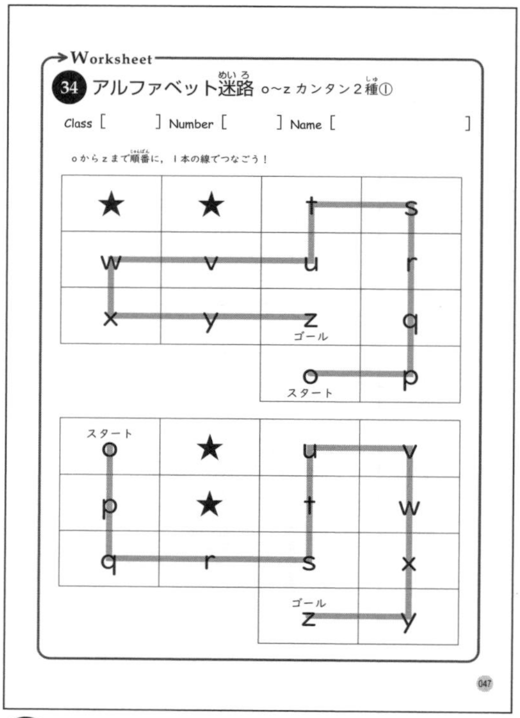

Worksheet

34 アルファベット迷路《めいろ》 o~z カンタン２種《しゅ》①

Class [　　] Number [　　] Name [　　]

oからzまで順番《じゅんばん》に，１本の線でつなごう！

★	★	t	s
w	v	u	r
x	y	z ゴール	q
		o スタート	p

スタート o	★	u	v
p	★	t	w
q	r	s	x
		ゴール z	y

047

35 p.48

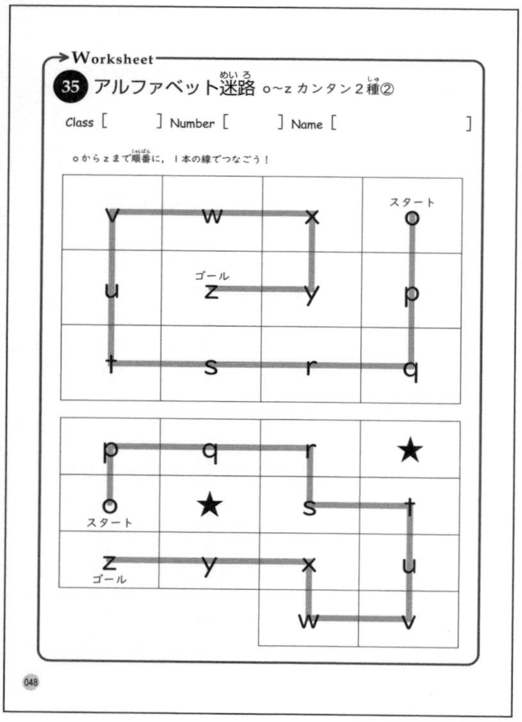

Worksheet

35 アルファベット迷路《めいろ》 o~z カンタン２種《しゅ》②

Class [　　] Number [　　] Name [　　]

oからzまで順番《じゅんばん》に，１本の線でつなごう！

v	w	x	スタート o
u	ゴール z	y	p
t	s	r	q

p	q	r	★
o スタート	★	s	t
z ゴール	y	x	u
		w	v

048

36 p.49

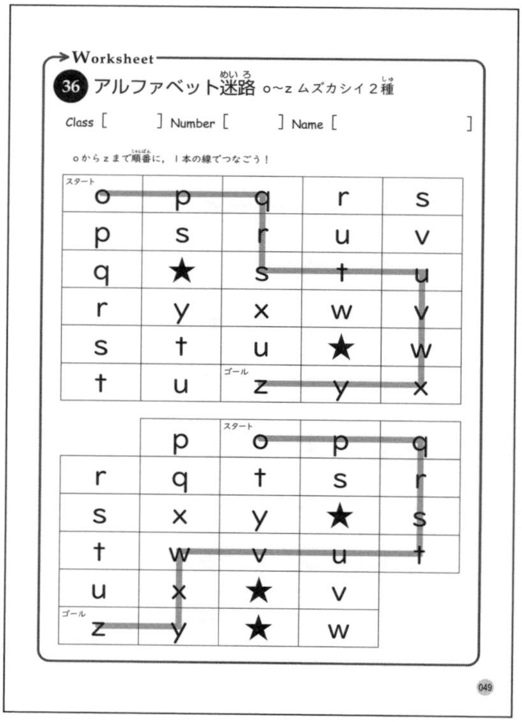

Worksheet

36 アルファベット迷路《めいろ》 o~z ムズカシイ２種《しゅ》

Class [　　] Number [　　] Name [　　]

oからzまで順番《じゅんばん》に，１本の線でつなごう！

スタート o	p	q	r	s
p	s	r	u	v
q	★	s	t	u
r	y	x	w	v
s	t	u	★	w
t	u	ゴール z	y	x

	p	スタート o	p	q
r	q	t	s	r
s	x	y	★	s
t	w	v	u	t
u	x	★	v	
ゴール z	y	★	w	

049

37 p.50

Worksheet

37 アルファベット迷路《めいろ》 a~z カンタン２種《しゅ》①

Class [　　] Number [　　] Name [　　]

aからzまで順番《じゅんばん》に，１本の線でつなごう！

スタート a	r	q	p	o
b	s	v	w	n
c	t	u	x	m
d	e	f	y	l
		g	ゴール z	k
		h	i	j

l	m	r	s	ゴール z
k	n	q	t	y
j	o	p	u	x
i	h	g	v	w
		f	e	d
		スタート a	b	c

050

38 p.51

Worksheet

38 アルファベット迷路《めいろ》 a~z カンタン２種《しゅ》②

Class [　　] Number [　　] Name [　　]

aからzまで順番《じゅんばん》に，１本の線でつなごう！

e	f	g	h	
d	k	j	i	
c	l	m	n	o
b	w	v	u	p
スタート a	x	y	t	q
		ゴール z	s	r

p	q	t	u	
o	r	s	v	w
n	m	ゴール z	y	x
k	l	g	f	e
j	i	h	c	d
		スタート a	b	

051

39 p.52

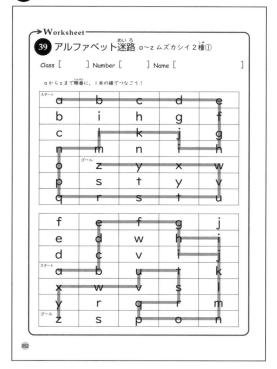

Worksheet

39 アルファベット迷路《めいろ》 a~z ムズカシイ２種《しゅ》①

Class [　　] Number [　　] Name [　　]

aからzまで順番《じゅんばん》に，１本の線でつなごう！

スタート a	b	c	d	e
b	i	h	g	f
c	l	k	j	g
n	m	n	i	h
o	ゴール z	y	x	w
p	s	t	y	v
q	r	s	t	u

f	e	f	g	j
e	d	w	h	i
d	c	v	i	j
スタート a	b	u	t	k
x	w	v	s	l
y	r	q	r	m
ゴール z	s	p	o	n

052

40 p.53

Worksheet

40 アルファベット迷路《めいろ》 a~z ムズカシイ２種《しゅ》②

Class [　　] Number [　　] Name [　　]

aからzまで順番《じゅんばん》に，１本の線でつなごう！

l	i	h	g	h	スタート a
k	j	k	f	g	b
l	k	n	e	d	c
m	l	m	n	q	d
ゴール z	s	p	o	p	q
y	r	q	v	u	r
x	w	v	u	t	s

h	e	d	c	d	e
g	f	k	b	u	v
h	i	j	スタート a	t	w
k	j	m	b	s	x
l	k	l	c	r	y
m	p	m	d	q	ゴール z
n	o	n	o	p	

053

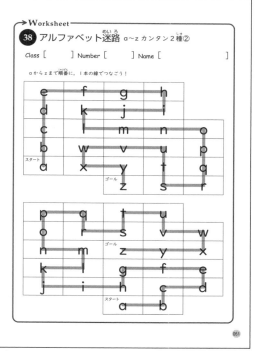

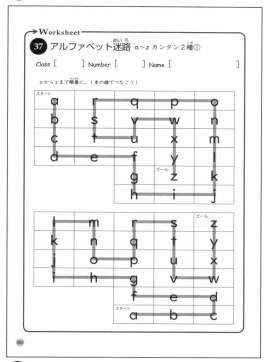

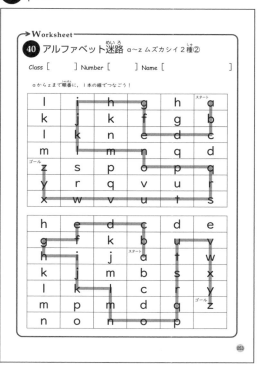

41 p.54

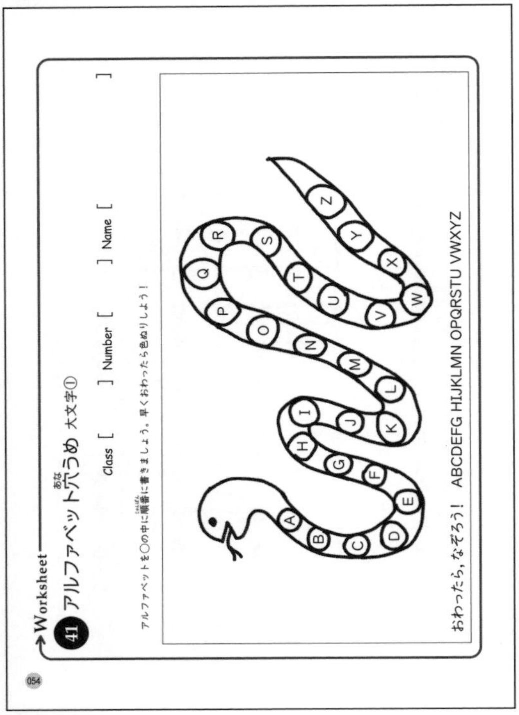

42 p.55

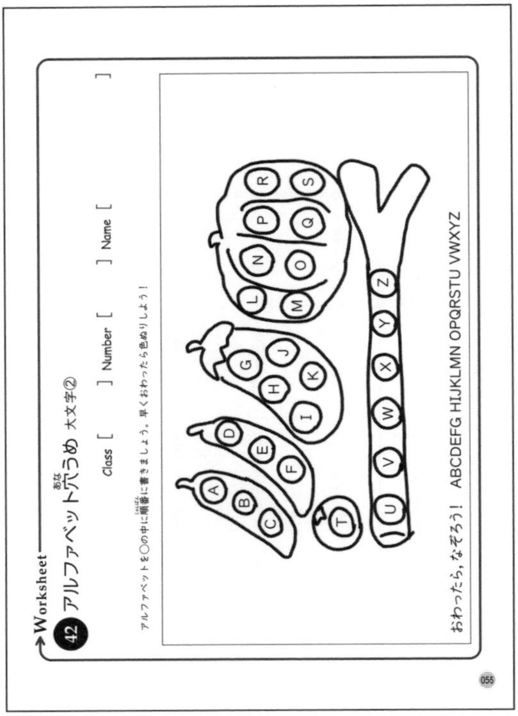

43 p.56

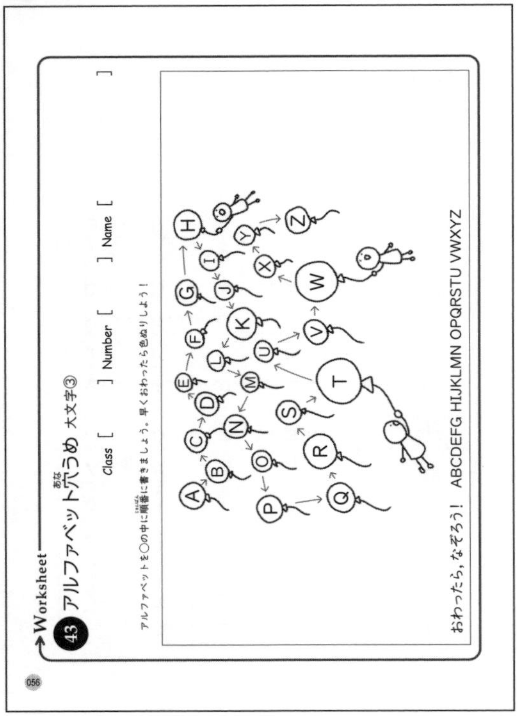

44 p.57

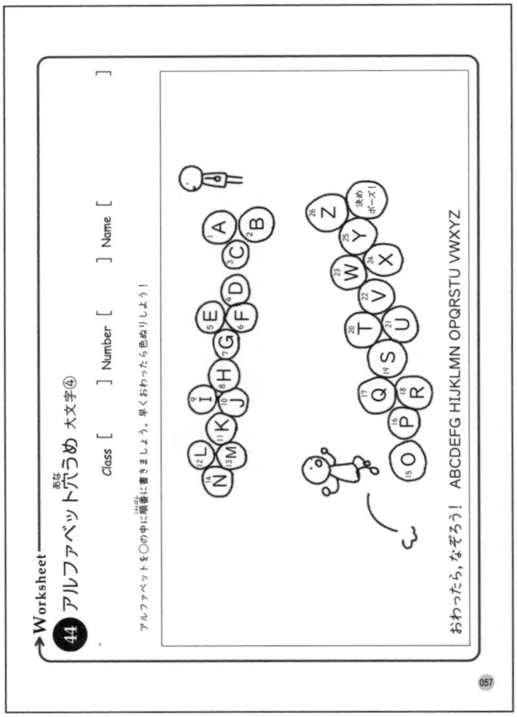

45 p.58

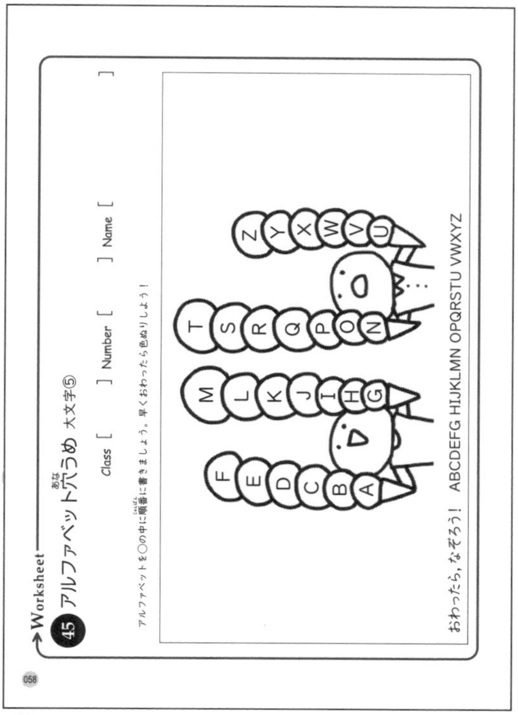

46 p.59

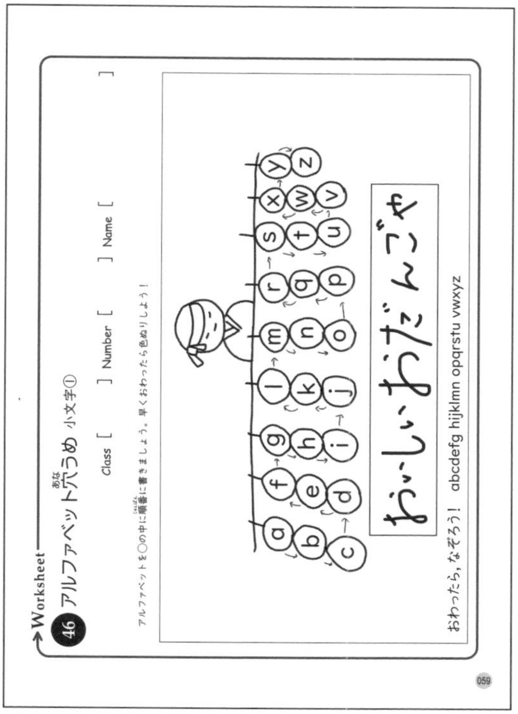

47 p.60

48 p.61

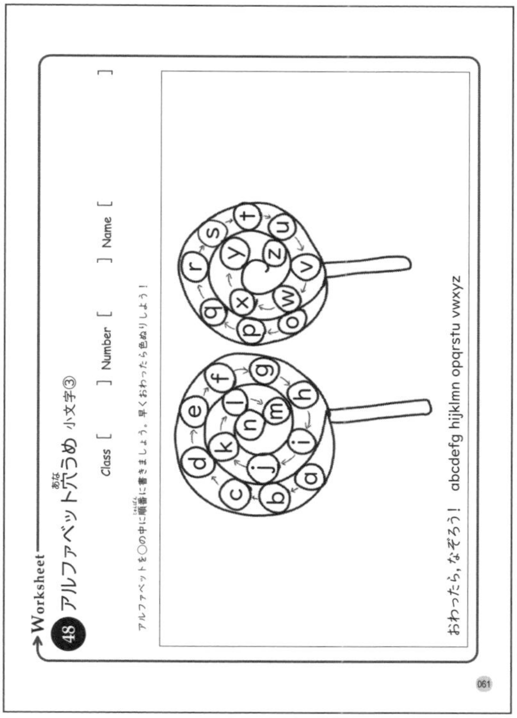

49 p.62

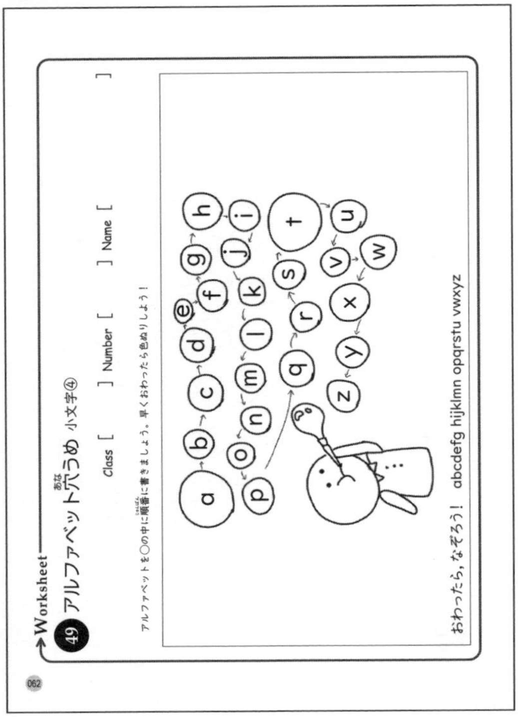

50 p.63

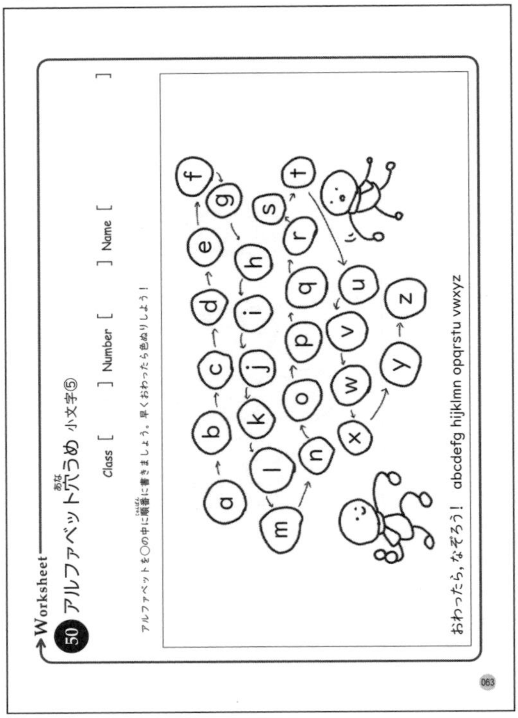

51 p.64

1ほっかいどう 2いわて 3ふくしま 4ながの 5にいがた 6あきた 7ぎふ 8あおもり 9やまがた 10かごしま 11ひろしま 12ひょうご 13しずおか 14みやざき 15くまもと 16みやぎ 17おかやま 18こうち 19しまね 20とちぎ　★おまけクイズの答え：面積の大きな順[*1]

52 p.65

1とうきょう 2かながわ 3おおさか 4あいち 5さいたま 6ちば 7ひょうご 8ほっかいどう 9ふくおか 10しずおか 11いばらき 12ひろしま 13きょうと 14みやぎ 15にいがた 16ながの 17ぎふ 18ぐんま 19とちぎ 20おかやま　★おまけクイズの答え：人口の多い順[*2]

53 p.66

1さっぽろ 2もりおか 3せんだい 4しんじゅく 5よこはま 6みと 7うつのみや 8まえばし 9こうふ 10なごや 11つ 12かなざわ 13こうべ 14おおつ 15まつえ 16まつやま 17たかまつ 18なは

54 p.67

1すし 2てんぷら 3とうふ 4なっとう 5たこやき 6つけもの 7おでん 8きつねうどん 9すもう 10からて 11じゅうどう 12けんどう 13らくご 14かぶき 15はなみ 16じゅうごや 17ひなまつり 18はつもうで 19おみくじ 20しょうがつ 21おりがみ

55 p.68

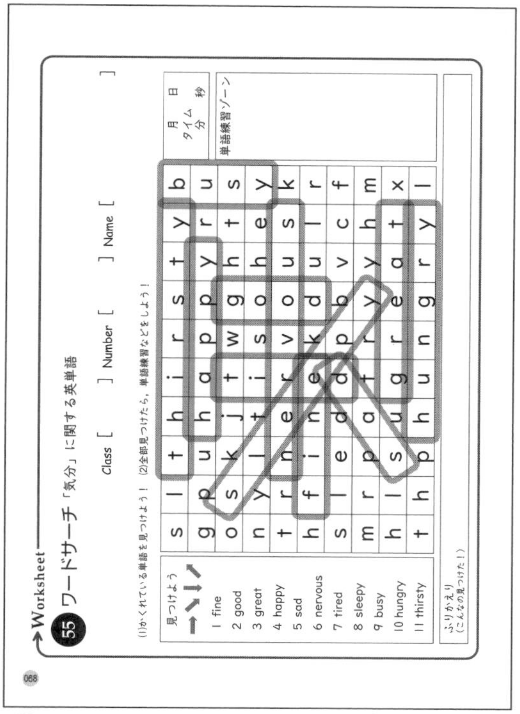

56 p.69

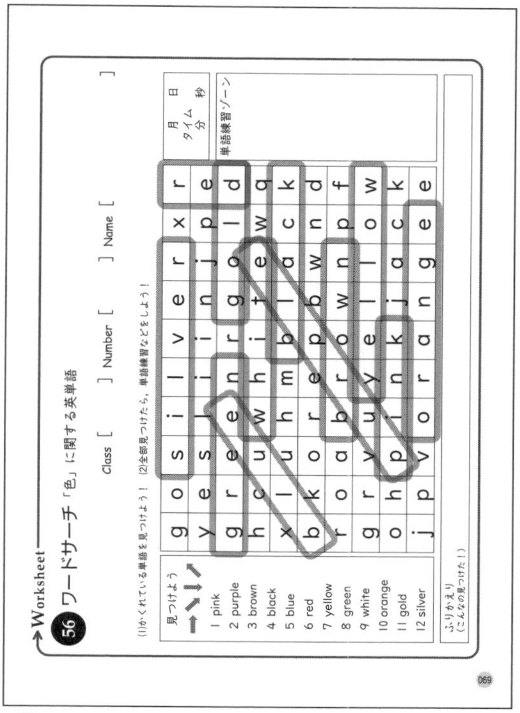

57 p.70

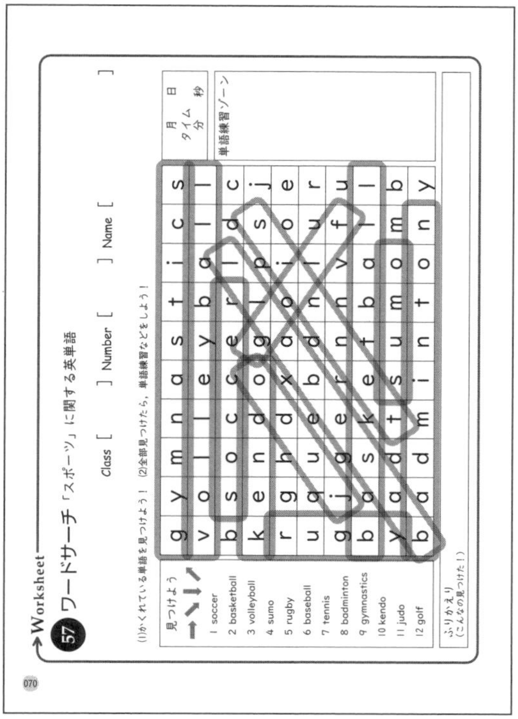

58 p.71

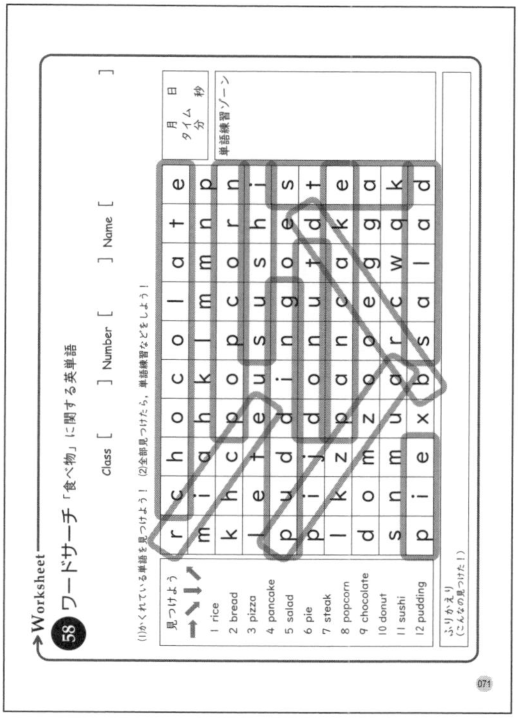

59 p.72

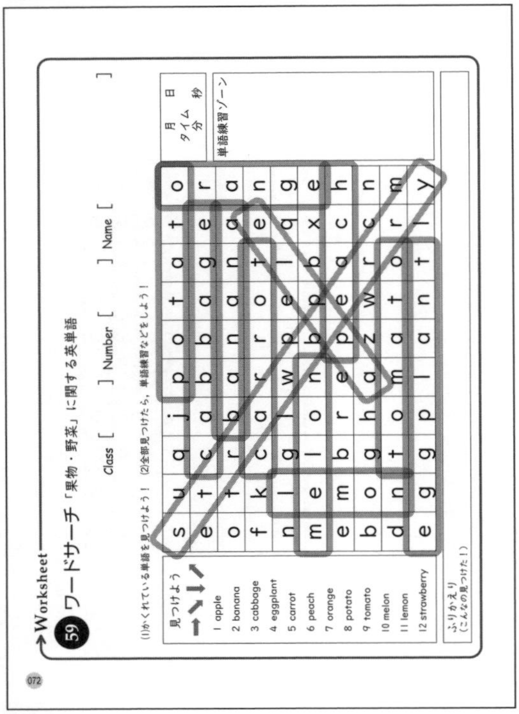

Worksheet
59 ワードサーチ「果物・野菜」に関する英単語
Class [ ] Number [ ] Name [ ]
(1)かくれている単語を見つけよう！ (2)全部見つけたら，単語練習などをしよう！
見つけよう
1 apple 2 banana 3 cabbage 4 eggplant 5 carrot 6 peach 7 orange 8 potato 9 tomato 10 melon 11 lemon 12 strawberry
月 日 タイム 分 秒
単語練習ゾーン
ふりかえり（こんなの見つけた！）

60 p.73

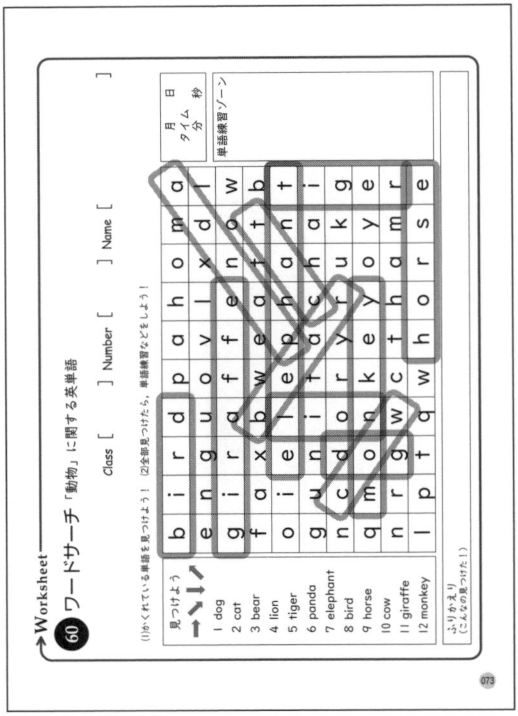

Worksheet
60 ワードサーチ「動物」に関する英単語
Class [ ] Number [ ] Name [ ]
(1)かくれている単語を見つけよう！ (2)全部見つけたら，単語練習などをしよう！
見つけよう
1 dog 2 cat 3 bear 4 lion 5 tiger 6 panda 7 elephant 8 bird 9 horse 10 cow 11 giraffe 12 monkey
月 日 タイム 分 秒
単語練習ゾーン
ふりかえり（こんなの見つけた！）

61 p.74

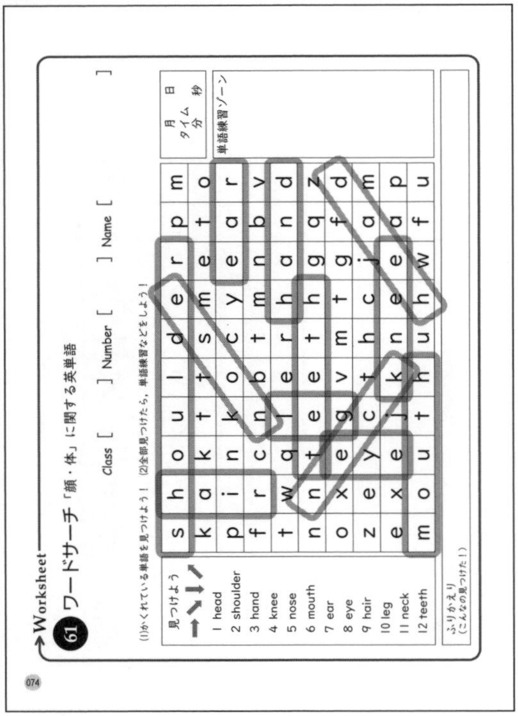

Worksheet
61 ワードサーチ「顔・体」に関する英単語
Class [ ] Number [ ] Name [ ]
(1)かくれている単語を見つけよう！ (2)全部見つけたら，単語練習などをしよう！
見つけよう
1 head 2 shoulder 3 hand 4 knee 5 nose 6 mouth 7 ear 8 eye 9 hair 10 leg 11 neck 12 teeth
月 日 タイム 分 秒
単語練習ゾーン
ふりかえり（こんなの見つけた！）

62 p.75

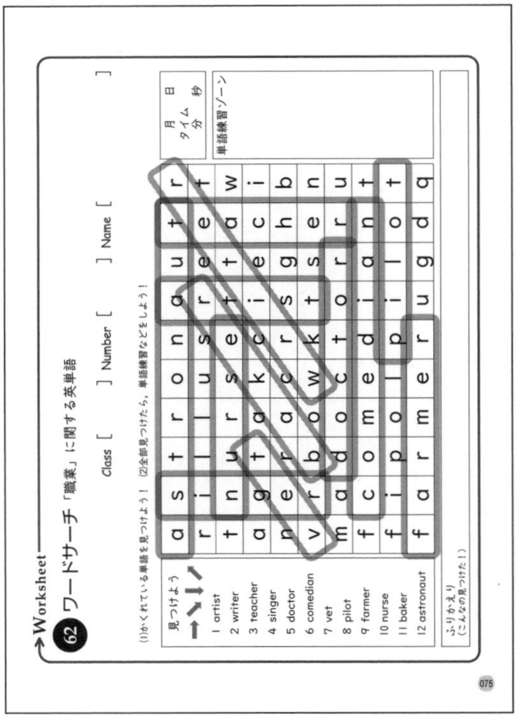

Worksheet
62 ワードサーチ「職業」に関する英単語
Class [ ] Number [ ] Name [ ]
(1)かくれている単語を見つけよう！ (2)全部見つけたら，単語練習などをしよう！
見つけよう
1 artist 2 writer 3 teacher 4 singer 5 doctor 6 comedian 7 vet 8 pilot 9 farmer 10 nurse 11 baker 12 astronaut
月 日 タイム 分 秒
単語練習ゾーン
ふりかえり（こんなの見つけた！）

63 p.76

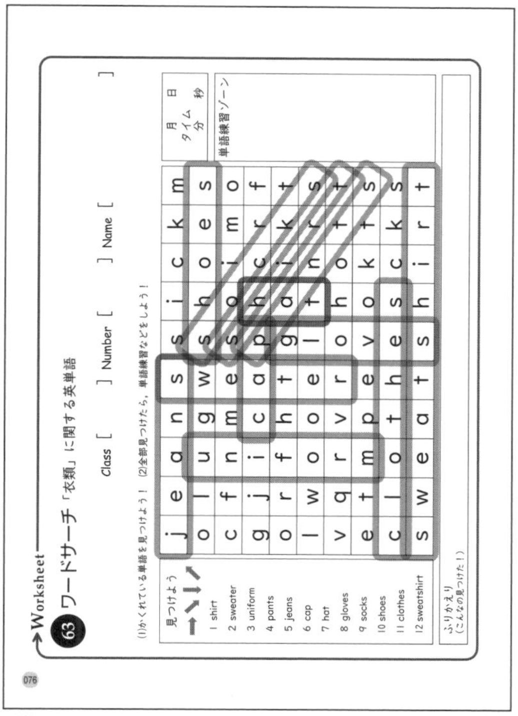

64 p.77

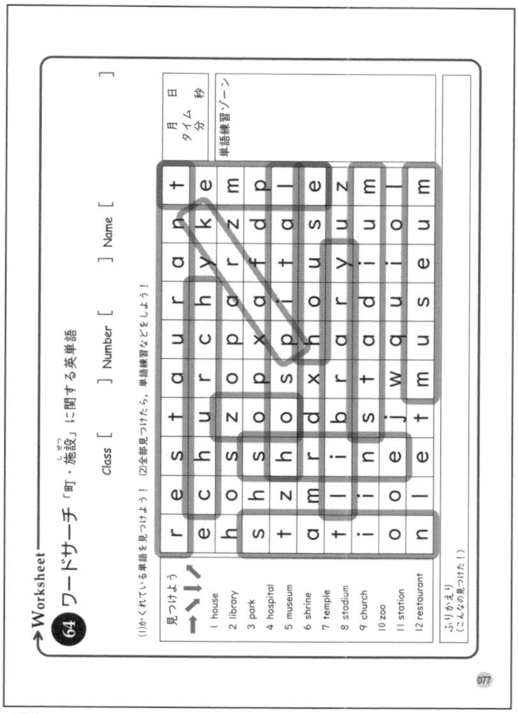

65 p.78

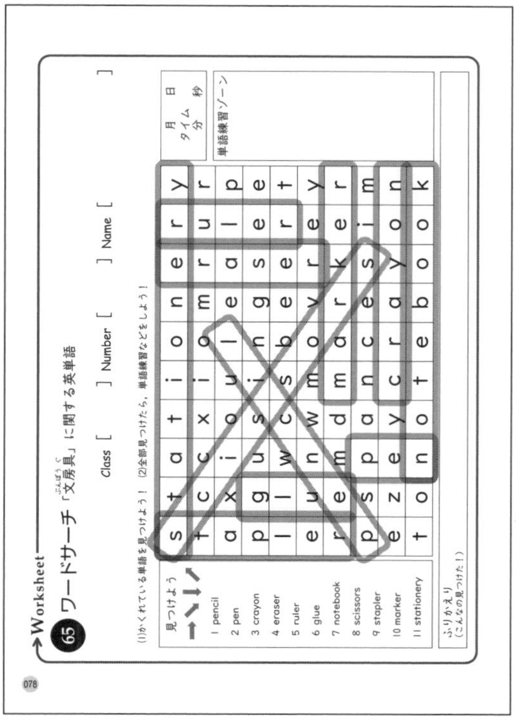

66 p.79

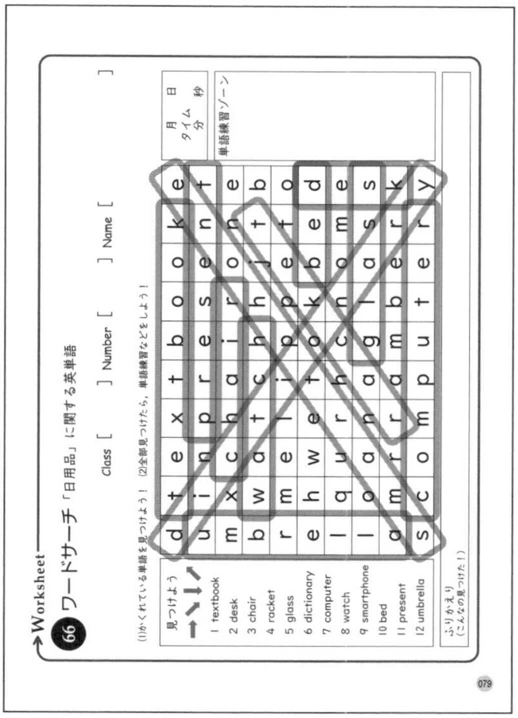

67 p.80

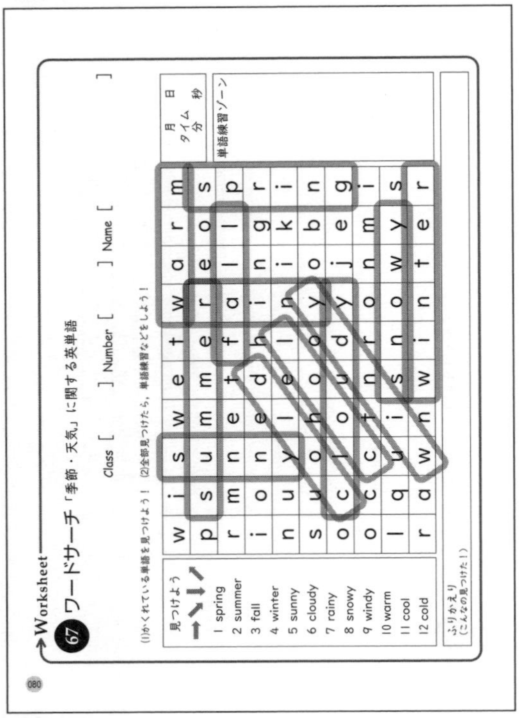

Worksheet

67 ワードサーチ「季節・天気」に関する英単語

Class [ ] Number [ ] Name [ ]

(1)かくれている単語を見つけよう！ (2)全部見つけたら，単語練習などをしよう！

見つけよう ➡↘⬇↗

1 spring 2 summer 3 fall 4 winter 5 sunny 6 cloudy 7 rainy 8 snowy 9 windy 10 warm 11 cool 12 cold

w	i	s	w	e	t	w	a	r	m
p	s	u	m	m	e	r	e	o	s
r	m	n	e	t	f	a	l	l	p
i	o	n	e	d	h	i	n	g	r
n	u	y	l	e	l	n	i	k	i
s	u	o	h	o	o	y	o	b	n
o	c	l	o	u	d	y	j	e	g
o	c	c	t	n	r	o	n	m	i
l	q	u	i	s	n	o	w	y	s
r	a	w	n	w	i	n	t	e	r

月 日 タイム 分 秒

単語練習ゾーン

ふりかえり（こんなの見つけた！）

080

68 p.81

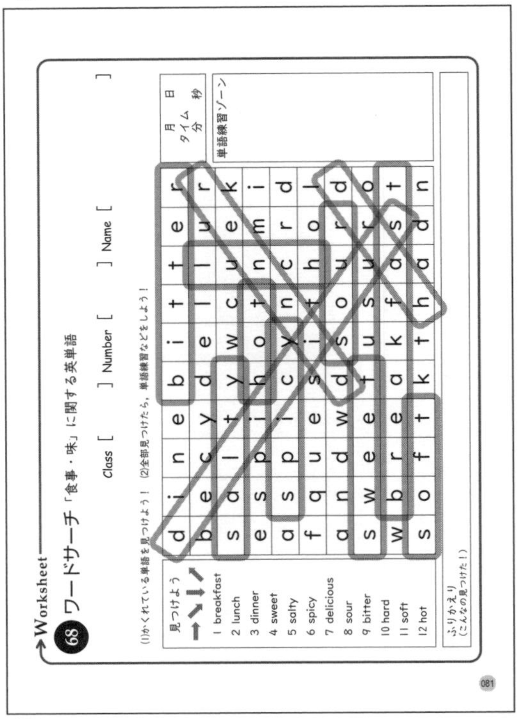

Worksheet

68 ワードサーチ「食事・味」に関する英単語

Class [ ] Number [ ] Name [ ]

(1)かくれている単語を見つけよう！ (2)全部見つけたら，単語練習などをしよう！

見つけよう ➡↘⬇↗

1 breakfast 2 lunch 3 dinner 4 sweet 5 salty 6 spicy 7 delicious 8 sour 9 bitter 10 hard 11 soft 12 hot

d	i	n	e	b	i	t	t	e	r
b	e	c	y	d	e	l	l	u	r
s	a	l	t	y	w	c	u	e	k
e	s	p	i	h	o	t	n	m	i
a	s	p	i	c	y	n	c	r	d
f	q	u	e	s	i	t	h	o	l
a	n	d	w	d	s	o	u	r	d
s	w	e	e	t	u	s	u	r	o
w	b	r	e	a	k	f	a	s	t
s	o	f	t	k	t	h	a	d	n

月 日 タイム 分 秒

単語練習ゾーン

ふりかえり（こんなの見つけた！）

081

69 p.82

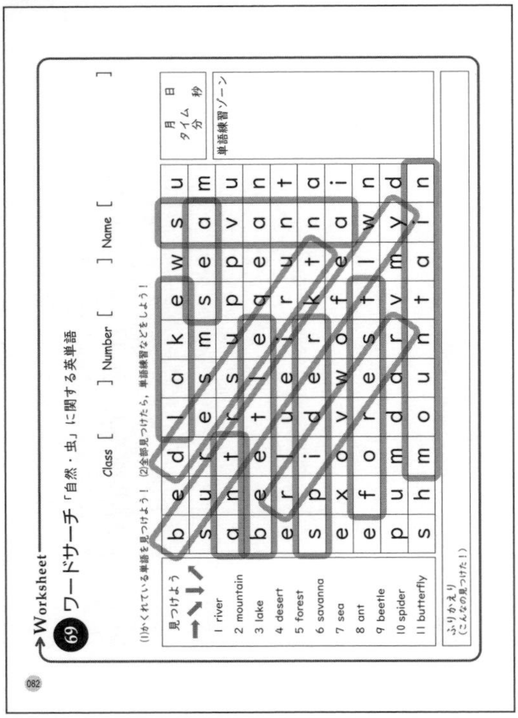

Worksheet

69 ワードサーチ「自然・虫」に関する英単語

Class [ ] Number [ ] Name [ ]

(1)かくれている単語を見つけよう！ (2)全部見つけたら，単語練習などをしよう！

見つけよう ➡↘⬇↗

1 river 2 mountain 3 lake 4 desert 5 forest 6 savanna 7 sea 8 ant 9 beetle 10 spider 11 butterfly

b	e	d	l	a	k	e	w	s	u
s	u	r	e	s	m	s	e	a	m
a	n	t	r	s	u	p	p	v	u
b	e	e	t	l	e	q	e	a	n
e	r	l	u	e	i	r	u	n	t
s	p	i	d	e	r	k	t	n	a
e	x	o	v	w	o	f	e	a	i
e	f	o	r	e	s	t	l	w	n
p	u	m	d	a	r	v	m	y	d
s	h	m	o	u	n	t	a	i	n

月 日 タイム 分 秒

単語練習ゾーン

ふりかえり（こんなの見つけた！）

082

70 p.83

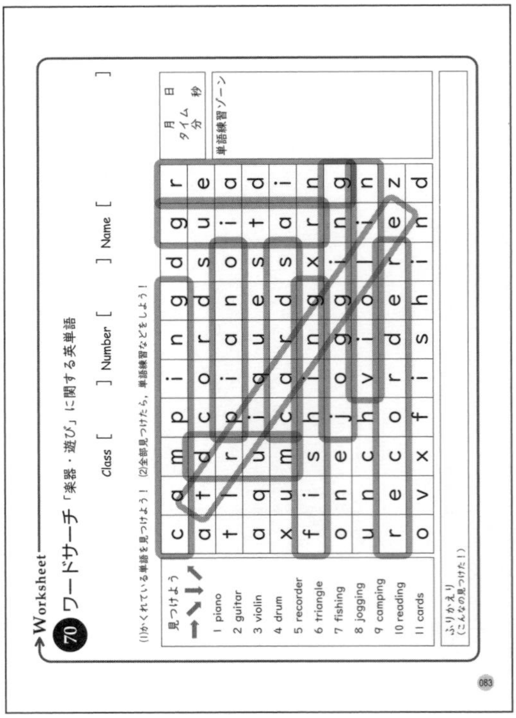

Worksheet

70 ワードサーチ「楽器・遊び」に関する英単語

Class [ ] Number [ ] Name [ ]

(1)かくれている単語を見つけよう！ (2)全部見つけたら，単語練習などをしよう！

見つけよう ➡↘⬇↗

1 piano 2 guitar 3 violin 4 drum 5 recorder 6 triangle 7 fishing 8 jogging 9 camping 10 reading 11 cards

c	a	m	p	i	n	g	d	g	r
a	t	d	c	o	r	d	s	u	e
t	l	r	p	i	a	n	o	i	a
a	q	u	i	q	u	e	s	t	d
x	u	m	c	a	r	d	s	a	i
f	i	s	h	i	n	g	x	r	n
o	n	e	j	o	g	g	i	n	g
u	n	c	h	v	i	o	l	i	n
r	e	c	o	r	d	e	r	e	z
o	v	x	f	i	s	h	i	n	d

月 日 タイム 分 秒

単語練習ゾーン

ふりかえり（こんなの見つけた！）

083

71 p.86

①活動の説明：「アルファベット３文字を言います。番号と聞こえたアルファベットを線で結びましょう」

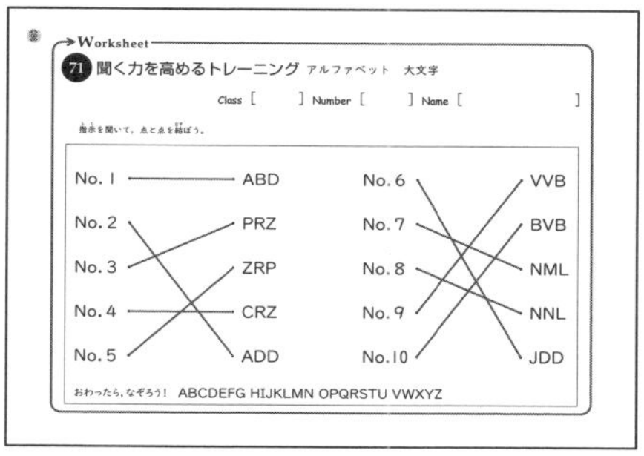

②問題原稿：（前半の５つ）１問目「No.1　ABD」，２問目「No.2　ADD」，３問目「No.3　PRZ」，４問目「No.4　CRZ」，５問目「No.5　ZRP」（後半の５つ）６問目「No.6　JDD」，７問目「No.7　NML」，８問目「No.8　NNL」，９問目「No.9　VVB」，10問目「No.10　BVB」

72 p.87

①活動の説明：「アルファベット３文字を言います。番号と聞こえたアルファベットを線で結びましょう」

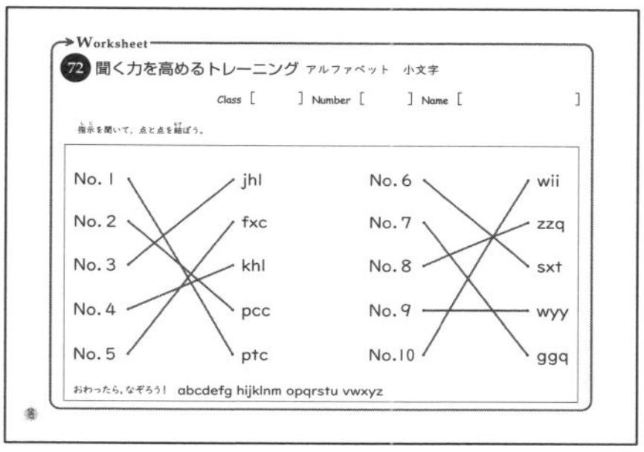

②問題原稿：（前半の５つ）１問目「No.1　ptc」，２問目「No.2　pcc」，３問目「No.3　jhl」，４問目「No.4　khl」，５問目「No.5　fxc」（後半の５つ）６問目「No.6　sxt」，７問目「No.7　ggq」，８問目「No.8　zzq」，９問目「No.9　wyy」，10問目「No.10　wii」

73 p.88

①活動の説明：「ペットについて話をしています。誰が，どんな動物を何匹飼っているのか，（　　）に動物と数字を書きましょう」

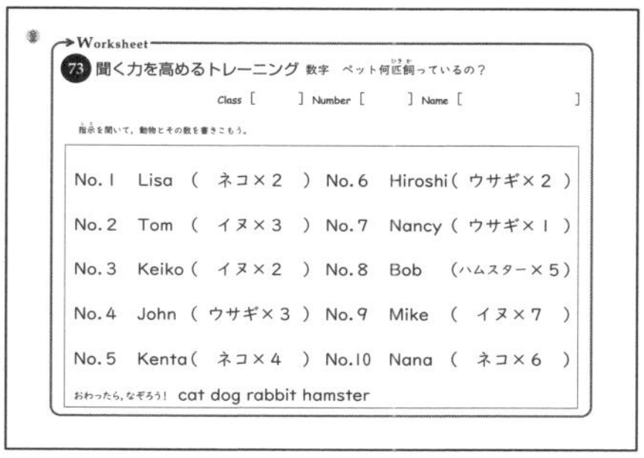

②問題原稿：（前半の５人）１問目「No.1　Hi, I'm Lisa. I have two cats.」，２問目「No.2　Hello, I'm Tom. I have three dogs.」，３問目「No.3　Hi, I'm Keiko.　I have two dogs.」，４問目「No.4　Hello. My name is John. I have three rabbits.」，５問目「No.5　Hi, I'm Kenta. I have four cats.」（後半の５人）６問目「No.6　Hello, I'm Hiroshi. I have two rabbits.」，７問目「No.7　Hi, I'm Nancy. I have one rabbit.」，８問目「No.8　Hi, I'm Bob. I have five hamsters.」，９問目「No.9　Hello. My name is Mike. I have seven dogs.」，10問目「No.10　Hi, I'm Nana. I have six cats.」

74 p.89

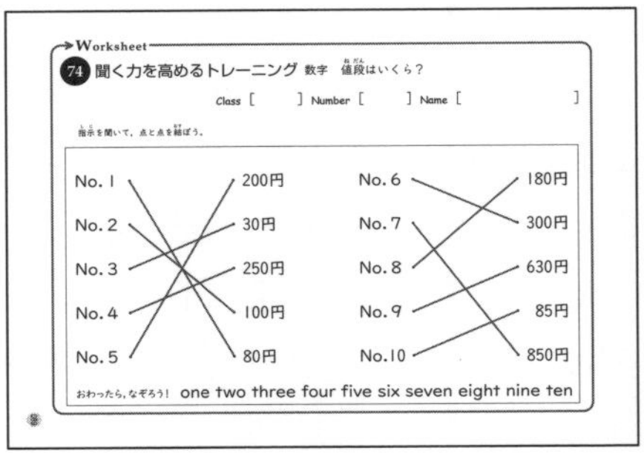

①活動の説明：「商品の値段を言います。番号と商品の値段の数字を線で結びましょう」

②問題原稿：（前半の５つ）１問目「No.1　This pencil is 80 yen.」，２問目「No.2　This eraser is 100 yen.」，３問目「No.3　This candy is 30 yen.」，４問目「No.4　This donut is 250 yen.」，５問目「No.5　This notebook is 200 yen.」（後半の５つ）６問目「No.6　This ball is 300 yen.」，７問目「No.7　This book is 850 yen.」，８問目「No.8　This rice ball is 180 yen.」，９問目「No.9　This stapler is 630 yen.」，10問目「No.10　This pencil is 85 yen.」

75 p.90

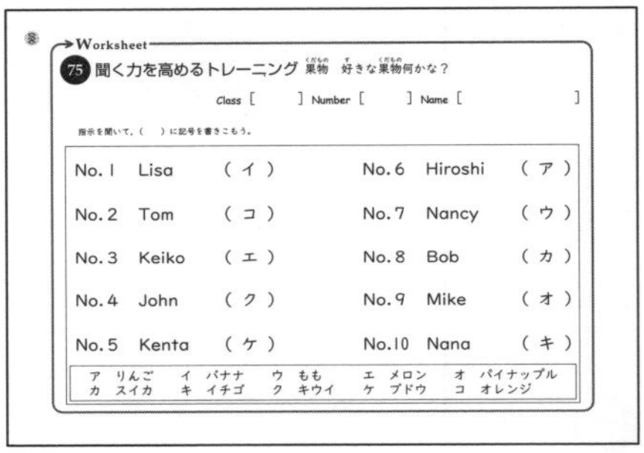

①活動の説明：「好きな果物について話をしています。その人が好きな果物を下の□から選び，記号で答えましょう」

②問題原稿：（前半の５人）１問目「No.1　Hi, I’m Lisa. I like bananas.」，２問目「No.2　Hello, I’m Tom. I like oranges.」，３問目「No.3　Hi, I’m Keiko.　I like melons.」，４問目「No.4　Hello. My name is John. I like kiwi fruits.」，５問目「No.5　Hi, I’m Kenta. I like grapes.」（後半の５人）６問目「No.6　Hello, I’m Hiroshi. I like apples.」，７問目「No.7　Hi, I’m Nancy. I like peaches.」，８問目「No.8　Hi, I’m Bob. I like watermelons.」，９問目「No.9　Hello. My name is Mike. I like pineapples.」，10問目「No.10　Hi, I’m Nana. I like strawberries.」

語群：apples bananas peaches melons pineapples watermelons strawberries kiwi fruits grapes　oranges

76 p.91

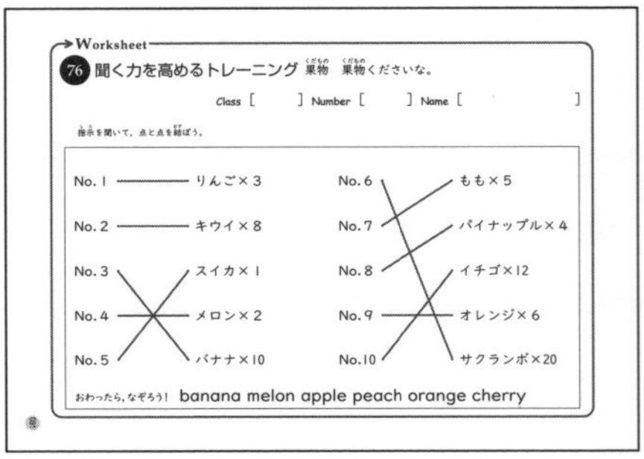

①活動の説明：「お客さんがフルーツショップで買い物をしています。何の果物をいくつ注文していますか？番号と果物を線で結びましょう」

②問題原稿：（前半の５人）１問目「No.1　Three apples, please.」，２問目「No.2　Eight kiwi fruits, please.」，3問目「No.3　Ten bananas, please.」，4問目「No.4　Two melons, please.」，5問目「No.5　One watermelon, please.」（後半の５人）6問目「No.6　Twenty cherries, please.」，7問目「No.7　Five peaches, please.」，8問目「No.8　Four pineapples, please.」，9問目「No.9　Six oranges, please.」，10問目「No.10　Twelve strawberries, please.」

77 p.92

①活動の説明：「得意なスポーツについて話をしています。その人が得意なスポーツを下の□から選び，記号で答えましょう」

Worksheet
77 聞く力を高めるトレーニング スポーツ 得意《とくい》なスポーツ教えて！
Class [　　] Number [　　] Name [　　]
指示を聞いて，(　) に記号を書きこもう。

No. 1	Lisa	(オ)	No. 6	Hiroshi	(ウ)
No. 2	Tom	(イ)	No. 7	Nancy	(ケ)
No. 3	Keiko	(カ)	No. 8	Bob	(ク)
No. 4	John	(コ)	No. 9	Mike	(エ)
No. 5	Kenta	(ア)	No. 10	Nana	(キ)

ア 野球　イ サッカー　ウ バスケットボール　エ たっきゅう　オ テニス
カ 水泳　キ スキー　ク バレーボール　ケ バドミントン　コ 体操

②問題原稿：（前半の５人）１問目「No.1　Hi, I'm Lisa. I'm good at tennis. Tennis is fun.」，２問目「No.2　Hello, I'm Tom. I'm good at soccer. I can play it well.」，３問目「No.3　Hi, I'm Keiko.　I'm good at swimming. I can swim fast.」，４問目「No.4　Hello. My name is John. I'm good at gymnastics. I like it very much.」，５問目「No.5　Hi, I'm Kenta. I'm good at baseball. I'm a good pitcher.」（後半の５人）６問目「No.6　Hello, I'm Hiroshi. I like basketball. I play it every day.」，７問目「No.7　Hi, I'm Nancy. I'm good at badminton. It's exciting.」，８問目「No.8　Hi, I'm Bob. I'm good at volleyball. I like it very much.」，９問目「No.9　Hello. My name is Mike. I'm good at table tennis. It's fun!」，10問目「No.10　Hi, I'm Nana. I'm good at skiing. I like winter.」
語群：baseball　soccer　basketball　table tennis　tennis　swimming　skiing　volleyball　badminton　gymnastics

78 p.93

①活動の説明：「好きな動物について話をしています。誰がどの動物が好きか，線で結びましょう」

②問題原稿：（前半の５人）１問目「No.1　Hi, I'm Lisa. I like cats.」，２問目「No.2　Hello, I'm Tom. I like dogs.」，３問目「No.3　Hi, I'm Keiko.　I like pandas.」，４問目「No.4　Hello. My name is John. I like dolphins.」，５問目「No.5　Hi, I'm Kenta. I like lions.」（後半の５人）６問目「No.6　Hello, I'm Hiroshi. I like elephants.」，７問目

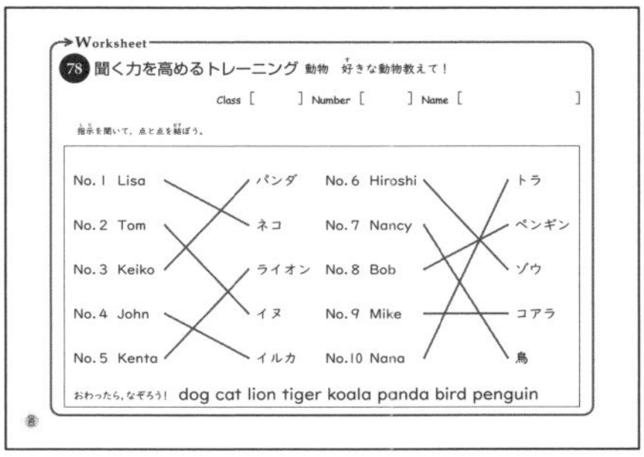

「No.7 Hi, I'm Nancy. I like birds.」，８問目「No.8 Hi, I'm Bob. I like penguins.」，９問目「No.9 Hello. My name is Mike. I like koalas.」，10問目「No.10 Hi, I'm Nana. I like tigers.」

79 p.94

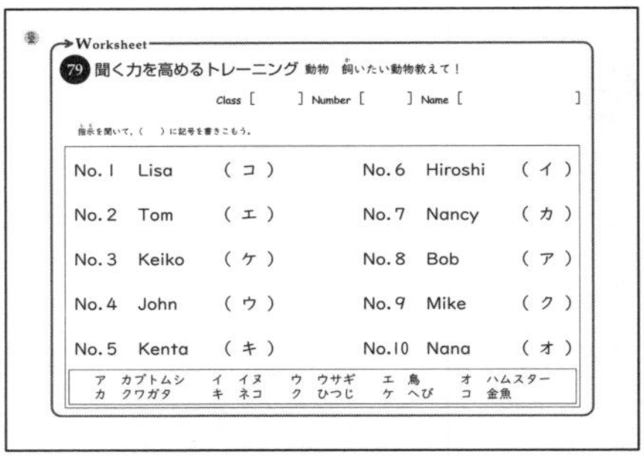
Worksheet
79 聞く力を高めるトレーニング 動物 飼《か》いたい動物教えて！
Class [ ] Number [ ] Name [ ]
指示《しじ》を聞いて，（ ）に記号を書きこもう。

No. 1	Lisa	（ コ ）	No. 6	Hiroshi	（ イ ）
No. 2	Tom	（ エ ）	No. 7	Nancy	（ カ ）
No. 3	Keiko	（ ケ ）	No. 8	Bob	（ ア ）
No. 4	John	（ ウ ）	No. 9	Mike	（ ク ）
No. 5	Kenta	（ キ ）	No. 10	Nana	（ オ ）

ア カブトムシ イ イヌ ウ ウサギ エ 鳥 オ ハムスター
カ クワガタ キ ネコ ク ひつじ ケ へび コ 金魚

①活動の説明：「飼いたい動物について話をしています。誰が，どんな動物を飼いたいのか□から動物を選び，記号で答えましょう」

②問題原稿：（前半の５人）１問目「No.1 Hi, I'm Lisa. I want a goldfish.」，２問目「No.2 Hello, I'm Tom. I want a bird.」，３問目「No.3 Hi, I'm Keiko. I want a snake.」，４問目「No.4 Hello. My name is John. I want a rabbit.」，５問目「No.5 Hi, I'm Kenta. I want a cat.」（後半の５人）６問目「No.6 Hello, I'm Hiroshi. I want a dog.」，７問目「No.7 Hi, I'm Nancy. I want a stag beetle.」，８問目「No.8 Hi, I'm Bob. I want a beetle.」，９問目「No.9 Hello. My name is Mike. I want a sheep.」，10問目「No.10 Hi, I'm Nana. I want a hamster.」

語群：beetle dog rabbit bird hamster stag beetle cat sheep snake goldfish

80 p.95

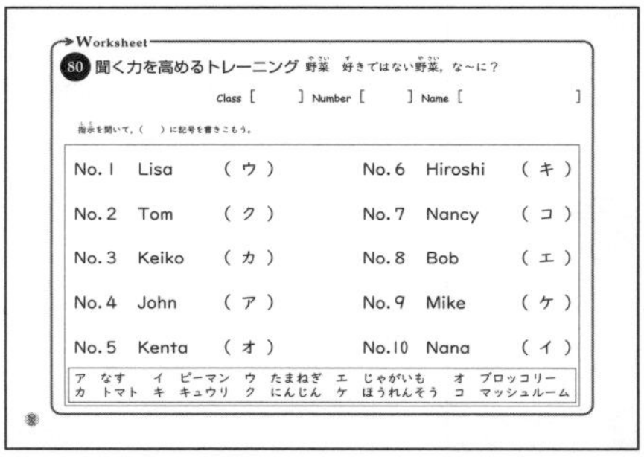
Worksheet
80 聞く力を高めるトレーニング 野菜《やさい》 好《す》きではない野菜《やさい》，な～に？
Class [ ] Number [ ] Name [ ]
指示《しじ》を聞いて，（ ）に記号を書きこもう。

No. 1	Lisa	（ ウ ）	No. 6	Hiroshi	（ キ ）
No. 2	Tom	（ ク ）	No. 7	Nancy	（ コ ）
No. 3	Keiko	（ カ ）	No. 8	Bob	（ エ ）
No. 4	John	（ ア ）	No. 9	Mike	（ ケ ）
No. 5	Kenta	（ オ ）	No. 10	Nana	（ イ ）

ア なす イ ピーマン ウ たまねぎ エ じゃがいも オ ブロッコリー
カ トマト キ キュウリ ク にんじん ケ ほうれんそう コ マッシュルーム

①活動の説明：「好きではない野菜について話をしています。誰が，何の野菜が好きではないのか，□から選び，記号で答えましょう」

②問題原稿：（前半の５人）１問目「No.1 Hi, I'm Lisa. I don't like onions.」，２問目「No.2 Hello, I'm Tom. I don't like carrots.」，３問目「No.3 Hi, I'm Keiko. I don't like tomatoes.」，４問目「No.4 Hello. My name is John. I don't like eggplants.」，５問目「No.5 Hi, I'm Kenta. I don't like broccolis.」（後半の５人）６問目「No.6 Hello, I'm Hiroshi. I don't like cucumbers.」，７問目「No.7 Hi, I'm Nancy. I don't like mushrooms.」，８問目「No.8 Hi, I'm Bob. I don't like potatoes.」，９問目「No.9 Hello. My name is Mike. I don't like spinach.」，10問目「No.10 Hi, I'm Nana. I don't like green peppers.」

語群：eggplants green peppers onions potatoes broccolis tomatoes cucumbers carrots spinach mushrooms

81 p.96

①活動の説明：「出身国の話をしています。誰がどこの国出身なのか，名前と国名を線で結びましょう」

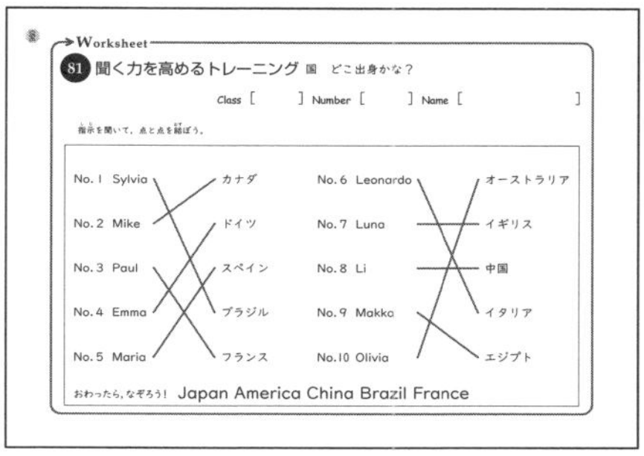

②問題原稿：（前半の５人）１問目「No.1 Hi, I'm Sylvia. I'm from Brazil.」，２問目「No.2 Hello, I'm Mike. I'm from Canada.」，３問目「No.3 Hi, I'm Paul. I'm from France.」，４問目「No.4 Hello. My name is Emma. I'm from Germany.」，５問目「No.5 Hi, I'm Maria. I'm from Spain.」（後半の５人）６問目「No.6 Hello, I'm Leonardo. I'm from Italy.」，７問目「No.7 Hi, I'm Luna. I'm from the U.K.」，８問目「No.8 Hi, I'm Li. I'm from China.」，９問目「No.9 Hello. My name is Makka. I'm from Egypt.」，10問目「No.10 Hi, I'm Olivia. I'm from Australia.」

語群：Australia Brazil Egypt France Spain Italy Germany the U.K. China Canada

82 p.97

①活動の説明：「行きたい国について話をしています。名前と行きたい国を線で結びましょう」

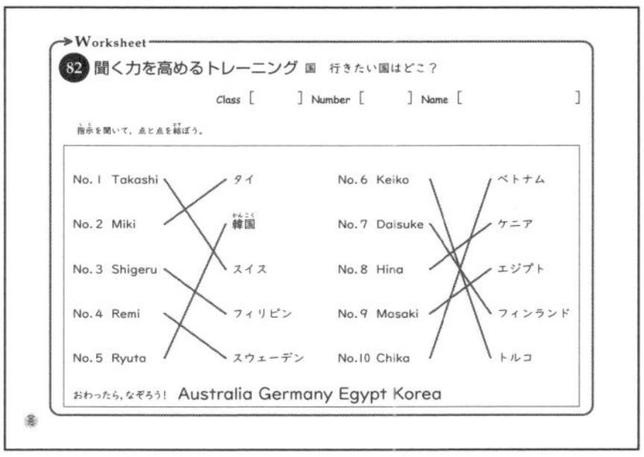

②問題原稿：（前半の５人）１問目「No.1 Hi, I'm Takashi. I want to go to Switzerland.」，２問目「No.2 Hello, I'm Miki. I want to go to Thailand.」，３問目「No.3 Hi, I'm Shigeru. I want to go to the Philippines.」，４問目「No.4 Hello. My name is Remi. I want to go to Sweden.」，５問目「No.5 Hi, I'm Ryuta. I want to go to Korea.」（後半の５人）６問目「No.6 Hello, I'm Keiko. I want to go to Turkey.」，７問目「No.7 Hi, I'm Daisuke. I want to go to Finland.」，８問目「No.8 Hi, I'm Hina. I want to go to Kenya.」，９問目「No.9 Hello. My name is Masaki. I want to go to Egypt.」，10問目「No.10 Hi, I'm Chika. I want to go to Vietnam.」

語群：Vietnam Korea Turkey Finland Kenya Thailand Egypt Sweden the Philippines Switzerland

83 p.98

①活動の説明：「月曜日から金曜日の５時間目の授業について話をしています。それぞれの５時間目の教科を，下の口から選び，記号で答えましょう」

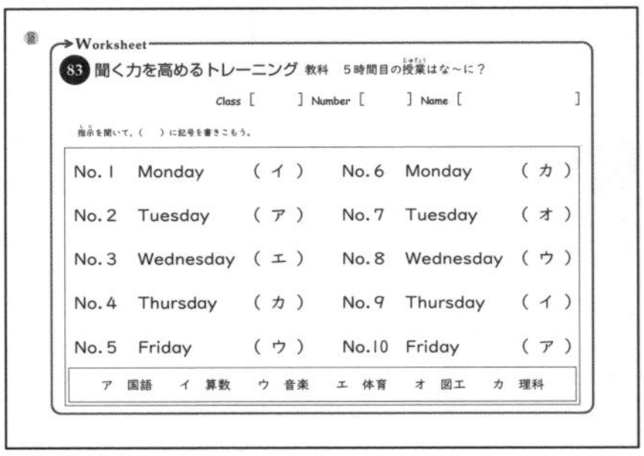

Worksheet

83 聞く力を高めるトレーニング 教科　5時間目の授業《じゅぎょう》はな～に？

Class [　　] Number [　　] Name [　　]

指示を聞いて，(　) に記号を書きこもう。

No. 1	Monday	(イ)	No. 6	Monday	(カ)
No. 2	Tuesday	(ア)	No. 7	Tuesday	(オ)
No. 3	Wednesday	(エ)	No. 8	Wednesday	(ウ)
No. 4	Thursday	(カ)	No. 9	Thursday	(イ)
No. 5	Friday	(ウ)	No. 10	Friday	(ア)

ア 国語　イ 算数　ウ 音楽　エ 体育　オ 図工　カ 理科

②問題原稿：（前半）１問目「No.1 On Mondays, I study math in the fifth period.」，２問目「No.2 On Tuesdays, I have Japanese.」，３問目「No.3 On Wednesdays, I have P.E. on the fifth period.」，４問目「No.4 On Thursdays, I study science.」，５問目「No.5 On Friday, I have music.」（後半）６問目「No.6　On Mondays, I study science.」，７問目「No.7　On Tuesdays, I have arts and crafts.」，８問目「No.8　On Wednesdays, I have music.」，９問目「No.9　On Thursdays, I study math.」，10問目「No.10　On Fridays, I study Japanese.」

84 p.99

①活動の説明：「ある場所の現在の天気を放送します。地名のとなりの（　　）に天気マークを書き入れましょう」

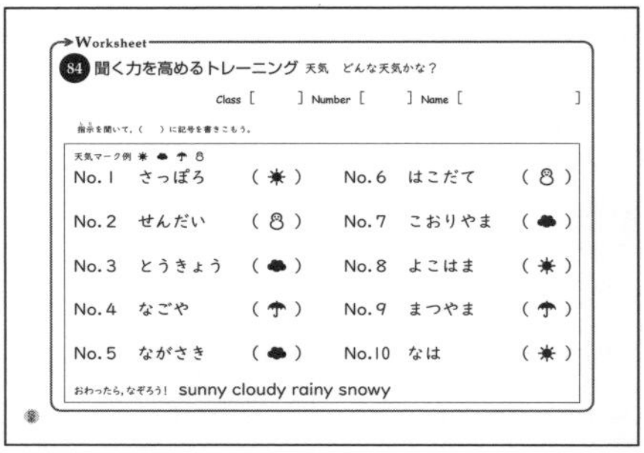

Worksheet

84 聞く力を高めるトレーニング 天気　どんな天気かな？

Class [　　] Number [　　] Name [　　]

指示を聞いて，(　) に記号を書きこもう。

天気マーク例 ☀ ☁ ☂ ☃

No. 1	さっぽろ	(☀)	No. 6	はこだて	(☃)
No. 2	せんだい	(☃)	No. 7	こおりやま	(☁)
No. 3	とうきょう	(☁)	No. 8	よこはま	(☀)
No. 4	なごや	(☂)	No. 9	まつやま	(☂)
No. 5	ながさき	(☁)	No. 10	なは	(☀)

おわったら，なぞろう！ sunny cloudy rainy snowy

②問題原稿：（前半）１問目「No.1　It’s sunny in Sapporo.」，２問目「No.2　It’s snowy in Sendai.」，３問目「No.3　It’s cloudy in Tokyo.」，４問目「No.4　It’s rainy in Nagoya.」，５問目「No.5　It’s cloudy in Nagasaki.」（後半）６問目「No.6　It’s snowy in Hakodate.」，７問目「No.7　It’s cloudy in Koriyama.」，８問目「No.8　It’s sunny in Yokohama.」，９問目「No.9　It’s rainy in Matsuyama.」，10問目「No.10　It’s sunny in Naha.」

85 p.100

①活動の説明：「起きる時刻と寝る時刻について話をしています。何時に起きて，何時に寝るのか，デジタル時計の（　　）に数字を書きましょう」

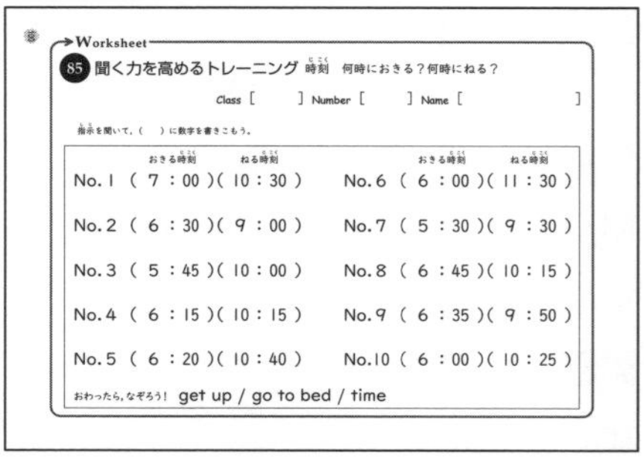

Worksheet

85 聞く力を高めるトレーニング 時刻《じこく》　何時におきる？何時にねる？

Class [　　] Number [　　] Name [　　]

指示を聞いて，(　) に数字を書きこもう。

	おきる時刻《じこく》	ねる時刻《じこく》		おきる時刻《じこく》	ねる時刻《じこく》
No. 1	(7 : 00)	(10 : 30)	No. 6	(6 : 00)	(11 : 30)
No. 2	(6 : 30)	(9 : 00)	No. 7	(5 : 30)	(9 : 30)
No. 3	(5 : 45)	(10 : 00)	No. 8	(6 : 45)	(10 : 15)
No. 4	(6 : 15)	(10 : 15)	No. 9	(6 : 35)	(9 : 50)
No. 5	(6 : 20)	(10 : 40)	No. 10	(6 : 00)	(10 : 25)

おわったら，なぞろう！ get up / go to bed / time

②問題原稿：（前半の５人）１問目「No.1　Hi, I’m Takashi. I get up at 7:00 and go to bed at 10:30.」，２問目「No.2　Hello, I’m Miki. I get up at 6:30 and go to bed at 9:00.」，３問目「No.3　Hi,

I'm Shigeru. I get up at 5:45 and go to bed at 10:00.」，4問目「No.4　Hello. My name is Remi. I get up at 6:15 and go to bed at 10:15.」，5問目「No.5　Hi, I'm Ryuta.　I get up at 6:20 and go to bed at 10:40.」（後半の５人）6問目「No.6　Hello, I'm Keiko. I get up at 6:00 and go to bed at 11:30.」，7問目「No.7　Hi, I'm Daisuke. I get up at 5:30 and go to bed at 9:30.」，8問目「No.8　Hi, I'm Hina. I get up at 6:45 and go to bed at 10:15.」，9問目「No.9　Hello. My name is Masaki. I get up at 6:35 and go to bed at 9:50.」，10問目「No.10　Hi, I'm Chika. I get up at 6:00 and go to bed at 10:25.」

86 p.101

①活動の説明：「下校後にすることについて話をしています。話を聞き，名前と曜日とすることを線で結びましょう」

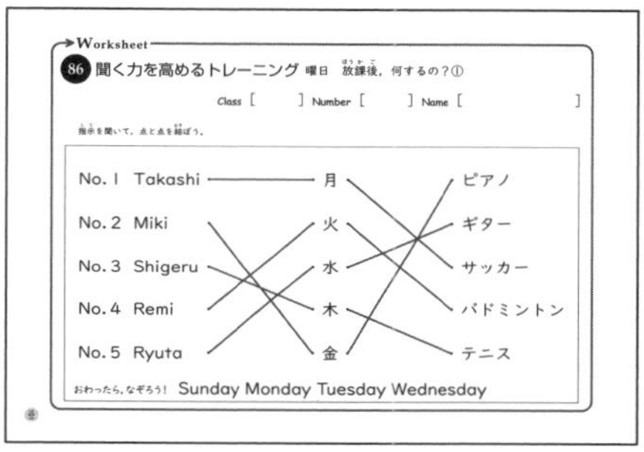

②問題原稿：1問目「No.1　Hi, I'm Takashi. I play soccer after school on Monday.」，2問目「No.2　Hello, I'm Miki. I play the piano after school on Friday.」，3問目「No.3　Hi, I'm Shigeru. I play tennis after school on Thursday.」，4問目「No.4　Hello. My name is Remi. I play badminton after school on Tuesday.」，5問目「No.5　Hi, I'm Ryuta.　I play the guitar after school on Wednesday.」

87 p.102

①活動の説明：「下校後にすることについて話をしています。話を聞き，名前と曜日とすることを線で結びましょう」

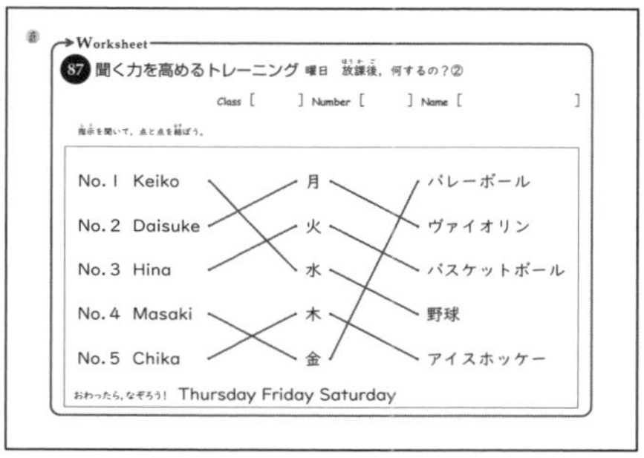

②問題原稿：1問目「No.1　Hello, I'm Keiko. I play baseball after school on Wednesday.」，2問目「No.2　Hi, I'm Daisuke. I play the violin after school on Monday.」，3問目「No.3　Hi, I'm Hina. I play basketball after school on Tuesday.」，4問目「No.4　Hello. My name is Masaki. I play volleyball after school on Friday.」，5問目「No.5　Hi, I'm Chika. I play ice hockey after school on Thursday.」

88 p.103

①活動の説明：「誕生日について話をしています。名前の横の（　　）に誕生日を書き入れましょう」

Worksheet

88 聞く力を高めるトレーニング 誕生日《たんじょうび》　お誕生日《たんじょうび》はいつ？

Class [　　] Number [　　] Name [　　　　]

指示を聞いて，（　）に日付を書きこもう。

No. 1　Sylvia（ 1 月 22 日）	No. 6　Leonardo（ 2 月 21 日）
No. 2　Mike（ 4 月 3 日）	No. 7　Luna（ 11 月 20 日）
No. 3　Paul（ 12 月 5 日）	No. 8　Li（ 9 月 25 日）
No. 4　Emma（ 7 月 18 日）	No. 9　Makka（ 8 月 17 日）
No. 5　Maria（ 3 月 9 日）	No. 10　Olivia（ 6 月 30 日）

おわったら，なぞろう！ happy birthday present song cake

②問題原稿：（前半の５人）１問目「No.1　Hi, I’m Sylvia. My birthday is January 22nd.」，２問目「No.2　Hello, I’m Mike. My birthday is April 3rd.」，３問目「No.3　Hi, I’m Paul. My birthday is December 5th.」，４問目「No.4　Hello. My name is Emma. My birthday is July 18th.」，５問目「No.5　Hi, I’m Maria. My birthday is March 9th.」（後半の５人）６問目「No.6　Hello, I’m Leonardo. My birthday is February 21st.」，７問目「No.7　Hi, I’m Luna. My birthday is November 20th.」，８問目「No.8　Hi, I’m Li. My birthday is September 25th.」，９問目「No.9　Hello. My name is Makka. My birthday is August 17th.」，10問目「No.10　Hi, I’m Olivia. My birthday is June 30th.」

89 p.104

①活動の説明：「将来なりたい職業について話をしています。名前の横の（　　）に，それぞれがなりたい職業を，下の□から選び，記号で答えましょう」

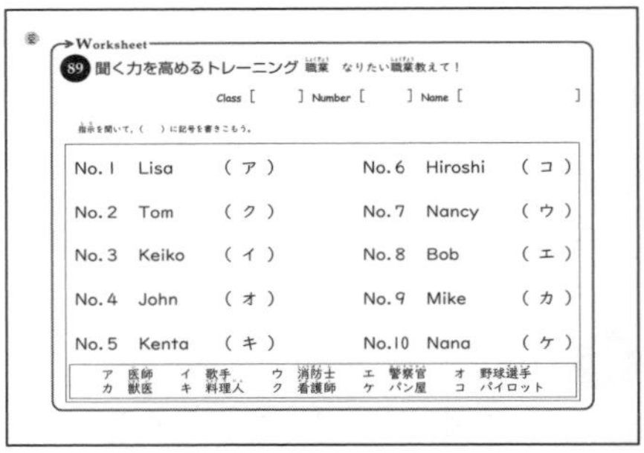
Worksheet

89 聞く力を高めるトレーニング 職業　なりたい職業教えて！

Class [　　] Number [　　] Name [　　　　]

指示を聞いて，（　）に記号を書きこもう。

No. 1　Lisa（ ア ）	No. 6　Hiroshi（ コ ）
No. 2　Tom（ ク ）	No. 7　Nancy（ ウ ）
No. 3　Keiko（ イ ）	No. 8　Bob（ エ ）
No. 4　John（ オ ）	No. 9　Mike（ カ ）
No. 5　Kenta（ キ ）	No. 10　Nana（ ケ ）

ア 医師　イ 歌手　ウ 消防士　エ 警察官　オ 野球選手
カ 獣医　キ 料理人　ク 看護師　ケ パン屋　コ パイロット

②問題原稿：（前半の５人）１問目「No.1　Hi, I’m Lisa. I want to be a doctor in the future.」，２問目「No.2　Hello, I’m Tom. I want to be a nurse in the future.」，３問目「No.3　Hi, I’m Keiko.　I want to be a singer in the future.」，４問目「No.4　Hello. My name is John. I want to be a baseball player in the future.」，５問目「No.5　Hi, I’m Kenta. I want to be a cook in the future.」（後半の５人）６問目「No.6　Hello, I’m Hiroshi. I want to be a pilot in the future.」，７問目「No.7　Hi, I’m Nancy. I want to be a firefighter in the future.」，８問目「No.8　Hi, I’m Bob. I want to be a police officer in the future.」，９問目「No.9　Hello. My name is Mike. I want to be a vet in the future.」，10問目「No.10　Hi, I’m Nana. I want to be a baker in the future.」

語群：doctor　singer　firefighter　police officer　baseball player　vet　cook　nurse　baker　pilot

90 p.105

①活動の説明：「ある人物が自己紹介をしています。その人物の出身地，誕生日，好きなもの，好きじゃないもの，行きたい国を聞き取り，（　　）に日本語で書きましょう」

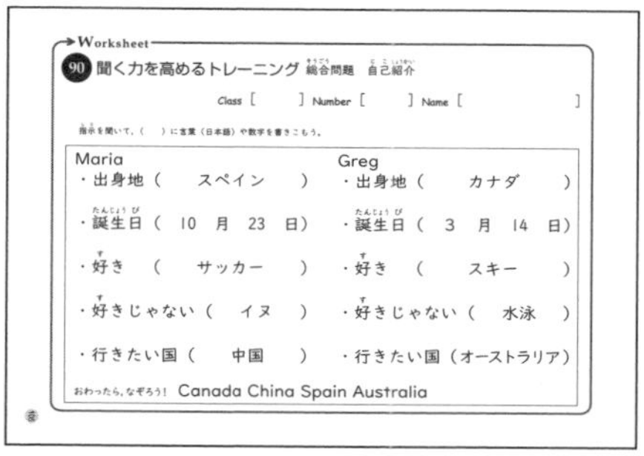
Worksheet

90 聞く力を高めるトレーニング 総合《そうごう》問題　自己紹介《じこしょうかい》

Class [　　] Number [　　] Name [　　　　]

指示《しじ》を聞いて，（　）に言葉（日本語）や数字を書きこもう。

Maria	Greg
・出身地（　スペイン　）	・出身地（　カナダ　）
・誕生日《たんじょうび》（ 10 月 23 日）	・誕生日《たんじょうび》（ 3 月 14 日）
・好《す》き（　サッカー　）	・好《す》き（　スキー　）
・好《す》きじゃない（　イヌ　）	・好《す》きじゃない（　水泳　）
・行きたい国（　中国　）	・行きたい国（オーストラリア）

おわったら，なぞろう！ Canada China Spain Australia

②問題原稿：（１人目）「Hello. My name is Maria. I’m from Spain. My birthday is October 23rd. I like soccer very much. I don’t like dogs. I want to go to China.」（２人目）「Hello. My name is Greg. I’m from Canada. My birthday is March 14th. I like skiing very much. I don’t like swimming. I want to go to Australia.」

＊１　国土交通省国土地理院「都道府県別面積の順位」
（https://www.gsi.go.jp/common/000077733.pdf）（2024年４月15日現在）
＊２　総務省統計局「人口推計」
（https://www.stat.go.jp/data/jinsui/2021np/index.html）（2024年４月15日現在）

【著者紹介】
岩井　敏行（いわい　としゆき）
1978年栃木県生まれ。宇都宮大学教育学部を卒業後，宇都宮大学教育学部大学院修士課程を修了。その後，栃木県日光市の中学校教師として約20年間勤務。現在は英語専科教員として複数の小学校で英語授業を行っている。
主な著書に『小学校英語を楽しく！“ひとくち英語”日めくりカード集５年生用』『１日５分で英会話の語彙力アップ！中学生のためのすらすら英単語2000』（ともに共著），『１分間でできる！生徒が熱中する！英語授業アイスブレイク120』（単著）（いずれも明治図書），『中学英語　デジタル教科書　活用授業』（学陽書房）がある。

小学校英語サポートBOOKS
スキマ時間に使える！
小学校英語らくらくプリント100

2024年６月初版第１刷刊　©著　者　岩　井　敏　行
発行者　藤　原　光　政
発行所　明治図書出版株式会社
http://www.meijitosho.co.jp
（企画）木山麻衣子（校正）丹治梨奈
〒114-0023　東京都北区滝野川7-46-1
振替00160-5-151318　電話03（5907）6702
ご注文窓口　電話03（5907）6668
＊検印省略　組版所　朝日メディアインターナショナル株式会社

Printed in Japan　ISBN978-4-18-291929-9